GOLDMANN
Lesen erleben

SARAH WILSON

Goodbye Zucker

FÜR JEDEN TAG

Mit über 200 neuen Rezepten

Aus dem Australischen
von Gabriele Lichtner

GOLDMANN

Die australische Originalausgabe erschien 2015 unter dem Titel »I Quit Sugar Simplicious« bei Pan Macmillan Australia, Sydney.

MIX
Papier aus verantwortungsvollen Quellen
FSC® C106600

Verlagsgruppe Random House FSC® N001967

Dieses Buch ist auch als E-Book erhältlich.

1. Auflage
Deutsche Erstausgabe Februar 2019

in der Verlagsgruppe Random House GmbH,
Neumarkter Str. 28, 81673 München
Umschlag: Uno Werbeagentur, München
Umschlagmotiv: Getty Images / CSA Images / Color Printstock Collection; FinePic®, München
Fotos Innenteil: © Rob Palmer
Zusätzliche Fotografien: © Sarah Wilson
Redaktion: Birthe Vogelmann
Satz: Uhl + Massopust, Aalen
Druck und Bindung: DZS Grafik d.o.o., Ljubliana
Printed in Slovenia
CH · Herstellung: IH
ISBN 978-3-442-17794-3
www.goldmann-verlag.de

Besuchen Sie den Goldmann Verlag im Netz:

Hier kommt das Zitat, das zusammenfasst,
wohin die Reise geht:

„Jeder von uns ist verantwortlich für alles und für jedes menschliche Wesen."

DOSTOJEWSKI

(ganz vorn, bevor ich's vergesse)

Hier kommt der Dank an die, die mich inspirierten, Essen noch mehr zu lieben: Mama (immer), Michael Pollan und mein erster Freund George.

Hier kommt der Dank an meine Mannschaft, das *Goodbye-Zucker*-Team. Vor allem Jo Foster, die dafür sorgte, dass aus diesem Buch kein Misthaufen wurde.

INHALT

„Oft sehe ich Sarah mit ihrem Schongarer durch die Gegend laufen (und Rad fahren). Wer bitte macht so was? Und jedes Mal gibt's ein anderes exotisches Essen."

– Lorenzo

Liebe Leserin, lieber Leser,

ich habe immer schon den ganzen Apfel gegessen, mit Kernen, Stiel und allem. Meine kleine Küche ist übersät mit Schraubgläsern, in denen zum Beispiel das Bratfett der Koteletts vom vorherigen Abend ist (in dem ich mein Gemüse dünste – so füge ich die richtigen Fette für die Aufnahme lebenswichtiger Vitamine hinzu) oder das Wasser, in dem ich Mangold gedämpft habe (perfekt zum Verlängern einer Suppe) oder Olivenöl von dem marinierten Feta, das meine Freundin gerade weggießen wollte, als ich letztes Wochenende bei ihr zum Essen war (fertiges Salatdressing, Leute!).

In meinem Kühlschrank leuchtet ein Regenbogen aus fermentierten Gemüsen; ich habe sie aus den »unschönen« Produkten gemacht, die auf dem Markt niemand kaufen wollte. Mein Gefrierschrank beherbergt einen kleinen Plastikeimer mit Fischresten, die ich vor ein paar Wochen bei der Dinnerparty einer Freundin gerettet habe. Sie werden bald in Fischbrühe verwandelt, von der ich dieser Freundin als Dankeschön einen Liter zurückschicken werde. Und ich sollte erwähnen, dass dieser Fischbeutezug stattfand, *nachdem* ich den Abfalleimer meiner Freundin inspiziert und eine Tüte mit noch frischen Sellerieblättern herausgezogen und gefragt hatte, ob ich die behalten könnte … für mein Reste-Pesto (siehe Seite 49).

Wenn sie Glück hat, bekommt sie auch davon eine Portion.

Ich sollte auch erwähnen, dass ich dafür bekannt bin, Fremde am Restauranttisch neben uns zu fragen, ob ich ihre Reste mitnehmen kann (wenn sie selbst sie nicht wollen); meist ist es ihnen recht, und ich koche beispielsweise aus edlen Aberdeen-Rinderstreifen eine vietnamesische Suppe. Bestimmt sind Sie jetzt froh, mich nicht in Ihrem näheren Umfeld zu haben!

All das erzähle ich Ihnen, um zu erklären, warum ich mich entschlossen habe, ein Buch über die Verwertung von übrig gebliebenem Essen zu schreiben. Nachhaltigkeit war immer eins der Prinzipien meiner Bücher, auch wenn es sich hinter hübschen Rezepten und glänzenden Fotos von mir verbarg. In meinen Rezepten verwende ich Reste und weniger begehrte Fleischstücke. Ich habe meine Zuckerfrei-Plattform auch eingesetzt, um bei den Leuten für Doggie Bags und, ähm, Blumenkohl zu werben.

Außerdem: Was kann noch kommen, wenn man Goodbye Zucker *und* Goodbye Zucker für immer *geschrieben hat?* Goodbye Zucker im Jenseits?!

Wie viele von Ihnen sicher wissen, habe ich im Januar 2011 angefangen, keinen Zucker mehr zu essen, weil eine Autoimmunkrankheit meine Lebensfreude erheblich einschränkte. Ich wollte ein besseres, ein erfüllteres, ein schönes Leben, deswegen versuchte ich, mich ohne Zucker zu ernähren. Es funktionierte super, also führte ich das Experiment noch etwas länger fort. Auf diesem Weg stieß ich auf größere, tiefer gehende Themen. Mir wurde klar, dass die Verschwendung von Essen ein großes Thema ist. Ein riesengroßes sogar. Und ich fand, dass es nicht nur die schrullige Obsession von ernsten Typen mit großen Nerdbrillen, Jutebeuteln und Fixie Bikes sein sollte.

Hallo ??

Andere nachhaltige Dinge, die ich mache (gesammelt von meinen oft verblüfften Freunden und Familienangehörigen):

- »Einmal hat sie Sardinenköpfe mitgenommen, die von einem Fotoshooting für mein Buch auf meiner Dachterrasse übrig waren. Sie hat daraus einen Pizzabelag gemacht.« – Joice

- »Jeden Sonntagabend kommt sie zu mir, um zu kochen. Dann durchwühlt sie meinen Kühlschrank und macht aus meinem alten Gemüse ein tolles Essen.« – Ricky G

- »Ich hab einmal gesehen, wie sie einen alten Teebeutel aus dem Papierkorb im Büro gefischt hat, weil er ›nur einmal benutzt worden war‹.« – Zoe

- »In unserem Stammlokal verspeiste sie einmal unsere übrig gelassenen Fischhäute und -köpfe. Seither packen wir die Gräten und andere Reste gleich auf ihren Teller.« – Brad

Zeitvergleich: Kochen oder Fertigessen kaufen?

Freunde erzählen mir, dass sie nicht kochen, weil es zu viel Zeit koste und zu kompliziert sei. Aber ich habe Tests durchgeführt. Ich habe die Zeit gemessen, die verging, bis meine Freunde ihr Take-away-Essen auf dem Tisch hatten, und die, die ich für das Kochen meines Rindfleischeintopfs benötigte (von dem noch sechs Portionen übrig blieben!). Meine Freunde brauchten *37 Minuten* (Autoschlüssel suchen, hinfahren, in der Schlange warten, jedes Gericht einzeln aufwärmen), während ich *11 Minuten* brauchte. Und wenn man die noch durch sechs teilt, na ja … das bekommen Sie selber raus.

versus

Also, es ist so: Die größte CO_2-Emissionsquelle auf dem Planeten ist Essensverschwendung (nicht Autos, nicht Fabriken). Die größten Essensverschwender sind die Konsumenten (wir!), nicht die Bauern, nicht die Lebensmittelindustrie. Jede Woche werfen wir bis zu 50 Prozent unserer Lebensmittel weg.

Ich sag's geradeheraus: Das ist unverantwortlich, und die Veränderung, die wir uns im Leben so sehr wünschen (für unseren Planeten, für unser Dasein), kann von jedem von uns kommen. Jeder von uns ist verantwortlich. Für alles. Und für jedes menschliche Wesen.

muss

Recycling und Kompostieren allein bringt es nicht. Etwas gar nicht erst zu kaufen, etwas nicht zu verschwenden – das bringt es. Wir müssen also aufbrauchen, was wir sowieso haben, unsere Reste verarbeiten, das ganze Lebensmittel essen – Kerne, Schale, Stängel, Blätter, die Lake, Haut, Fett und alles. Das ist die Zukunft, liebe Freunde.

Ich habe schnell gemerkt, dass diese Art zu kochen und zu essen das Leben besser macht. Denn wenn man lernt, seine Reste zu verwerten und weniger zu konsumieren, bekommt das Leben einen neuen Rhythmus, es ist im Flow. Die Dinge werden einfacher, eleganter; alles wird klarer und ergibt einen nachhaltigen Sinn. Man muss sich keine Sorgen mehr machen, ob es besser ist, regional oder bio oder ohne Eigelb zu essen oder ob das Essen nun als Superfood durchgehen würde. Nein, man gleitet einfach so zum richtigen Ergebnis hin – im Flow und ohne den ganzen Wirbel.

Zum Beispiel: Wenn man aufhört, Zucker zu essen, hört man automatisch auch auf, industriell verarbeitete Nahrungsmittel und all die damit zusammenhängenden schlechten Zusatzstoffe zu essen. Man profitiert also nicht nur davon, keinen Zucker mehr zu essen, sondern gleichzeitig vom Weglassen einer ganzen Reihe anderer giftiger Chemikalien, schlechter Fette und leerer Kohlenhydrate. Zucker wegzulassen steuert einen automatisch zum richtigen Ergebnis.

Schongarer verbrauchen weniger Energie als eine Glühbirne! Und sie gehen nie kaputt – deswegen sieht man keine Werbung für sie.

Wirklich wahr! Deswegen sind sie auch wie neu, wenn man sie gebraucht ergattern kann.

Und wenn man keine industriell verarbeiteten Nahrungsmittel mehr isst, bleiben einem echte, vollständige Lebensmittel, die man kochen muss – stimmt's? Das bedeutet, man ist motiviert (gezwungen?) zu kochen, was wiederum heißt, man spart Geld und Zeit und wird dabei auch noch gesünder. So bleibt man bei dieser Ernährungs- und Lebensart, denn sie fühlt sich richtig gut an. Und die Nachhaltigkeit bleibt im Flow.

Noch ein Beispiel: Wenn man weniger begehrte Fleischteile isst, spart man Geld (sie sind viel günstiger!) und verhält sich auch ethischer und umweltfreundlicher, denn es wird mehr von dem Tier gegessen (oder weniger verschwendet). Fleischteile »zweiter Güte« gart man am besten im Schongarer, was weniger Energie verbraucht (wobei man wieder spart). Diese Teile sind sehr nahrhaft – noch nahrhafter, wenn sie schonend gegart werden. Außerdem braucht man für seine Gerichte nicht so viel Fleisch, da die Zubereitung im Schongarer den Geschmack intensiviert. So spart man wieder Geld und schont die Umwelt … ich glaube, Sie verstehen schon! Muss ich noch sagen, dass die weniger begehrten Fleischteile in diesem Buch bevorzugt werden?

Langsames Kochen auf niedriger Temperatur erhält die Enzyme des Fleischs und löst wunderbare, darmgesunde Gelatine und Mineralien.

Und noch etwas:

Wollten Sie schon mal ein Rezept nachkochen und merkten dann, dass Ihnen ein oder zwei Zutaten fehlten? Also haben Sie mit dem improvisiert, was Sie dahatten – und es hat Ihnen sogar besser geschmeckt? Meine liebsten Gerichte sind solche wie der Eintopf beim Campen, den ich mit Studentenfutter gewürzt habe. Oder solche, bei denen ich aus Mangel an Gemüsefach-Vorräten eine Kühlschrank-Überraschung kreiert habe (meine Kreationen finden Sie auf Instagram unter #fridgesurprise).

Ich glaube, dass es uns Spaß macht, zu improvisieren und etwas aus dem zu zaubern, was wir gerade dahaben. Wir *mögen* es sogar, wenn irgendetwas fehlt, denn dann werden wir kreativ! Wir sind auch froh, wenn unsere Eckschränke *nicht* mit Waffeleisen überquellen. Und wenn hinten im Gemüsefach kein angeschimmelter Salat herumliegt.

Wir kochen also mit dem, was wir haben, mit Resten von Lebensmitteln, und so werden wir kreativer und glücklicher. Wir fahren nicht mehr dauernd zum Supermarkt, um einen einsamen Chicorée oder einen Becher Sahne zu kaufen; das spart Zeit, Benzin und Geld und verhindert, dass man von Fertigessen in Versuchung geführt wird. Und all das macht uns glücklicher und beherzter. So gleiten wir elegant dahin und unser Leben ist im Flow. Flow, flow, flow …

Und der Beweis?
Ich habe in diesem Buch keine Daten und Zahlen angegeben. Aber alle Behauptungen, Darstellungen etc. stützen sich auf die Wissenschaft oder meine eigene Forschung, und eine einfache Suche auf iquitsugar.com oder sarahwilson.com liefert Ihnen die Daten, die Sie haben möchten. Und wenn Sie auf sarahwilson.com auf *The Kit* klicken, finden Sie zu Ihrem vertieften Lesevergnügen noch viel Hintergrundstoff.

Dieses Buch macht Speisereste zur Hauptattraktion, dadurch sparen wir Geld, Zeit, Nährstoffe, Energie, Töpfe, Abwaschzeit und all die selten benutzten Zutaten, die nach einer einzigen Verwendung hinten im Vorratsschrank schmoren.

Meine Rezepte fangen nicht bei null an und enden nicht nach dem letzten Wort. Das sollte auch eine Mahlzeit nicht; sie sollte fortgeführt und fortgeführt werden – wie ein kontinuierliches Rezept, bei dem die Säfte und Überreste in anderen Mahlzeiten weiter verwendet werden. In diesem Buch sind die Rezepte von Anfang an so gestaltet, dass sie zu einem wunderbaren, eleganten Immer-weiter-Fließen führen, sodass ein Flow entsteht, bei dem wir von einer Zutat nach und nach jedes einzelne Fitzelchen verwerten. Ein Huhn kann so in 13 Mahlzeiten verwertet werden, eineinhalb Kilo preiswertes Kochrindfleisch in 14 Mahlzeiten.

Ich trickse, kürze Kochvorgänge ab und mache Sachen, über die meine kulinarischen Kollegen sicher die Stirn runzeln. Ich nehme meine Finger, um zu überprüfen, wie gar das Essen ist, lasse unnütze Schritte weg, schleudere den Salat mit den Händen und nehme Reste aus dem Kühlschrank in meine Zutatenlisten auf. Ich improvisiere, erfinde, gehe locker mit allem um, verhalte mich verantwortlich … und ich ermutige Sie alle, das Gleiche zu tun.

Das ist meine lecker-einfache Methode für jeden Tag. Das ist es, was das Leben besser macht.

Sarah xxxxxxxxxxxx

OHNE SCHNICKSCHNACK!!

MEINE 8 ERNÄHRUNGSPRINZIPIEN

In den letzten 50 Jahren haben wir aus unserem Essen ein verwirrendes Chaos gemacht. Die vielen Ernährungs-Ismen haben alles derart kompliziert, dass wir kaum noch wissen, was wir nun eigentlich essen sollen. Ich vermeide in diesem Buch den Begriff Superfood und berücksichtige zum Beispiel nicht ausdrücklich Veganer oder Paleo-Esser (viele Gerichte sind aber für beide geeignet und ebenso für Menschen mit einer Intoleranz gegenüber Laktose, Nüssen und Milchprodukten), weil ich meine Botschaft »köstlich-einfach« halten will. Nichtsdestotrotz gibt es ein paar Mantras, nach denen ich mich richte:

1. **Essen für einen gesunden Darm**
Der Darm spielt für unsere Gesundheit eine entscheidende Rolle. Mehr als ein Drittel der australischen Bevölkerung hat eine mit einer Entzündung zusammenhängende Krankheit (darunter Fettleibigkeit, Arthritis, Fettleber, Allergien und einen zu hohen Cholesterinwert), mitverursacht von einer ungesunden Darmflora. Ich konzentriere mich auf Zubereitungstechniken von Lebensmitteln, die dabei helfen, eine gesunde Darmflora aufzubauen und den Verdauungsprozess zu fördern – das sind vor allem das Fermentieren, das Keimen, der Erhalt von Enzymen und das Minimieren von Giftstoffen.

2. **Entscheidung für die nährstoffreichste Wahl**
Und halten Sie sich von Giftstoffen fern! So weit wie möglich. Meine Rezepte enthalten Kohlenhydrate und Hülsenfrüchte und Soja, die sich ebenfalls schädlich auswirken können. Aber anstatt sie ganz wegzulassen, mache ich sie durch die Zubereitungsart gesünder und wähle die nahrhafteren Optionen.

3. **Essen Sie wie Ihre Großmutter (oder Urgroßmutter)**
Vor 60 Jahren aßen wir eine angemessene Menge Zucker, und es gab fast keine Stoffwechselerkrankungen. Meine Rezepte, bei denen zum Beispiel Tiere als Ganzes verwendet werden, sind eine Hommage an alle Großmütter – denn sie hatten es drauf.

4. **Weniger ist mehr**
Zum Teil aus gesundheitlichen Gründen, zum Teil aus Gründen der Vereinfachung ist es vorteilhafter, nicht allzu viele Zutaten in einem Gericht zu verwenden.

5. **Die Arroganz der Franzosen ist berechtigt**
Jedenfalls was das Essen angeht. Nachdem ich in den letzten Jahren einige Zeit in Frankreich verbracht habe, bewundere ich, wie die Franzosen essen – richtige Mahlzeiten und keine Snacks zwischendurch. Essen ist ihnen wichtig. Sie machen auch eine Kunst daraus, Reste zu verwerten. Viele meiner Rezepte sind von ihren Techniken inspiriert.

6. **Langsam und schonend**
Kochen Sie langsam und auf niedriger Temperatur, um die Enzyme zu erhalten und Nährstoffe zu maximieren. Und essen Sie langsam und achtsam – um eines entspannteren Lebens und Ihrer Darmgesundheit willen.

7. **Ayurvedische Balance**
Ich halte viel von diesem indischen Ansatz fürs Wohlbefinden. Dabei geht es (unter vielem anderen) darum, durch eine bestimmte Ernährung ein inneres Gleichgewicht herzustellen, was nicht das Gleiche ist wie der Einsatz von Essen als Medizin. Laut Ayurveda müssen wir nichts reparieren oder rückgängig machen; wir balancieren Unwohlsein durch eine bestimmte Ernährung aus.

8. **Und natürlich EEE**
Esst echtes Essen, Leute.

Zweistöckiger Dampfgarer – am besten für zwei bis drei Liter. Ich koche meine stärkehaltigen Gemüse unten, zarte Gemüse oben.

Schongarer für 4,5 l – so ein Ein-Topf-Wunder kocht Ihr Abendessen, während Sie bei der Arbeit sind. Schongarer, auch als Slow Cooker bekannt, sind günstig, brauchen weniger Strom als eine Glühbirne und kochen langsam bei niedriger Temperatur, sodass Enzyme und Mineralstoffe erhalten bleiben und Ihr Essen besser verdaulich wird. Hier gibt es wenig zu diskutieren. P.S.: Eine ovale Form ist am besten, und wenn ich meinen heute kaufen würde, nähme ich einen mit Timer.

Große Rührschüssel – die alten sind am besten – schöne Ränder! Ich hab meine für vier Dollar bei einem Trödel-Verkauf erstanden.

Kleine Rührschüssel – von Großmutter geerbt, zusammen mit diesem Handtuch aus den 1950ern.

Ein großes Kochmesser – ich hab meins seit einem Jahrzehnt. Lassen Sie sich in einem guten Küchenladen beraten.

Zwei kleine scharfe Messer für ca. 5 Euro – Messerblöcke nehmen zu viel Platz weg, und ich habe noch nie im Leben ein Brotmesser gebraucht.

Stabmixer – auch Pürierstab oder Zauberstab genannt. Preiswert und nimmt kaum Platz weg. Mit ihm kann man Sachen direkt im Topf pürieren. Noch besser, wenn man ihn als Teil einer multifunktionalen Küchenmaschine kauft. Ich habe eine und verwende viele Funktionen, vor allem die Schneid- und Raspeleinsätze.

Verschließbare Klarsichtbeutel – sind die Investition in Plastik wert, wenn man sie nach Gebrauch wäscht und weiter verwendet. Zum Trocknen einfach ans Fenster oder die Kacheln kleben; wenn sie trocken sind, fallen sie ab. Ich verwende sie täglich, habe aber in vier Jahren nur drei Päckchen gekauft.

Holzlöffel – meist geerbt mit eingearbeitetem Charakter.

SCHRITT 1

EINFACH ANFANGEN

Die besten Köche improvisieren. Die schlimmsten Küchen sind die mit unbenutzten Waffeleisen im Eckschrank. Die schlimmsten Kochbücher sind die mit langen Listen am Anfang, in denen steht, was Sie sich zunächst einmal anschaffen sollten. Dies hier ist keine dieser Listen. Es steht nur drin, was ich benutze und warum.

Große Bratpfanne mit Deckel – 32 cm sollte für sechs Personen groß genug sein. (Ich habe eine kleinere Pfanne für eine bis drei Mahlzeiten und eine größere für Essenseinladungen oder gemeinsames Kochen.)

Gusseisen- oder andere Pfanne – 25 cm eignet sich für die meisten Sachen.

Gusseisen-, Antihaft- oder Edelstahlpfanne?

Gusseisen: Meine Wahl. Erzeugt gleichmäßig verteilte Hitze, fühlt sich nach echtem Kochen an und hält ein Leben lang. Gusseiserne Pfannen eignen sich auch prima für lecker-einfache Ein-Topf-Gerichte (man kann auf dem Herd anbräunen und dann die Pfannen direkt in den Backofen oder unter den Grill stellen). Wenn man sie richtig behandelt, bleibt auch nichts an ihnen kleben. Informieren Sie sich im Internet unter »Pflege einer Gusseisenpfanne«. Kaufen Sie möglichst eine aus zweiter Hand oder stibitzen Sie sich die alte Ihrer Großmutter und informieren Sie sich im Internet unter »alte Gusseisenpfannen reinigen und neu einbrennen«.

Antihaftbeschichtete Pfannen: Günstig und bequem, aber kaufen Sie nur solche ohne Teflon. Nachteile: Man kann darin das Kochgut nicht lange reduzieren oder stark erhitzen, um Krusten und kross Gebratenes zu erzeugen. Und die Beschichtung hält nicht lange – sie bekommt im Laufe der Zeit Kratzer.

Edelstahl: Teuer, aber gut für Töpfe und größere Pfannen. Am besten sind die mit dreilagigem Boden (Aluminium oder Kupfer zwischen zwei Stahlschichten) und genietetem Griff.

Großer Suppentopf – etwa 8 Liter reichen aus. Er braucht nicht teuer zu sein und keine besonderen Eigenschaften zu haben.

Gläser mit Schraubdeckel und andere kleine Behälter – Sie brauchen keine trendigen Glasgefäße oder Plastikbehälter zu kaufen. Vieles kann stattdessen in einem üblichen Schraubglas aufbewahrt werden. Zusätzlicher Vorteil: Man sieht, was drin ist.

Gusseisen-Schmortopf mit Emaillebeschichtung – diesen mit 3,2 l Fassungsvermögen bekam ich vor vielen Jahren von Mama und Dad zum Geburtstag. Er ist perfekt für sechs Portionen.

Backformen – ich habe eine 23 cm x 13 cm große Brotbackform, eine Springform mit 23 cm Durchmesser und einige Muffin-Backformen. Die meisten habe ich von Leuten geerbt, bei denen sich zu viele davon in den Eckschränken stapelten. Eine 23 cm x 20 cm große Auflaufform aus Glas, Steingut oder Emaille eignet sich unter anderem zum Rösten von Gemüse und Backen von süßen und herzhaften Aufläufen. Mit einem Deckel kann man die Form auch zum Aufbewahren benutzen.

Altes Sieb ohne Beine – von Großmutter.

Spiralschneider – toll für Gemüsenudeln (ich würde einen kaufen, wenn ich Kinder hätte).

Mikrowelle – ja, ich habe eine.

Sind Mikrowellengeräte okay?

Die Wissenschaft sagt, beim Erhitzen mit der Mikrowelle werden nicht mehr Nährstoffe getötet als beim Kochen. Laut manchen Studien bleiben sogar mehr Nährstoffe erhalten als bei anderen Kochmethoden. Und ihre Strahlen schaden dem Menschen nicht, da eine Form nicht ionisierender Strahlung verwendet wird, die Atome oder Moleküle nicht aufbrechen kann. Halten Sie sich einfach ein wenig davon entfernt (einen Meter), wenn die Mikrowelle eingeschaltet ist, um außerhalb des elektromagnetischen Feldes zu bleiben. Und niemals Plastik hineinstellen, sondern Glas- oder Keramikgefäße.

Behutsam benutzen! Ich habe mir mit diesem Teil oft die Finger verletzt!!

Mandoline – ein weiterer Luxus und wirklich sehr schön für Rohkostsalate. (Nicht nötig, wenn man eine Küchenmaschine/einen Pürierstab mit Raspel- und Schneideaufsätzen hat.)

Hochleistungsmixer – nicht günstig, aber ich benutze meinen täglich und habe vor, ihn noch 20 Jahre lang zu behalten. Wenn Sie bereits einen Standardmixer haben, ist das auch in Ordnung. Sie müssen bloß etwas länger mixen und das Gemüse für Ihren Smoothie ein bisschen vorgaren, aber das ist ja nicht so schlimm.

Eiswürfelbehälter aus Silikon – Eiswürfel lassen sich leicht herausnehmen, sie vertragen extreme Temperaturen, sind flexibel, haltbar und bruchsicher, spülmaschinengeeignet, hygienisch, schmutz- und geruchsabweisend und frei von BPA und Erdöl. Mehr zur Verwendung von Eiswürfelbehältern auf den Seiten 26/27.

Eine alte Teetasse – ich koche zu Hause mit geschätzten Maßen (im richtigen Verhältnis).

Pyrex-Gefäße mit Plastikdeckel – können auch zum Aufwärmen im Backofen oder der Mikrowelle benutzt werden (dann statt mit Plastikdeckel mit Alufolie abdecken).

Eine Anmerkung zu Backpapier

Manche sind mit Quilon beschichtet, einer Antihaftschicht, die beim Verbrennen giftig wird. Das könnte bei Ihnen die Alarmglocken schrillen lassen. Backpapier besserer Qualität verwendet eine sicherere Silikonbeschichtung. Meine Sorge ist eher ökologisch, daher verwende ich waschbare Silikonbackmatten, die man bequem online kaufen kann.

Ich hoffe, diese Tipps helfen Ihnen eher, als Sie zu hemmen. Ich möchte Sie wirklich ermutigen, das zu BENUTZEN, WAS SIE HABEN!!!

Es gibt keine ROSA GRAPEFRUIT*?
NA, DANN EBEN NICHT!
Es bedeutet, dass Grapefruits gerade keine Saison haben und Sie sie jetzt nicht essen sollen – aus mehreren ziemlich wichtigen Gründen: Gesundheit, CO_2-Bilanz. Achten Sie im Supermarkt immer darauf, wo ein Produkt herkommt. Spargel aus Mexiko oder rosa Grapefruit aus Peru zu kaufen, ist kriminell. Es sei denn, Sie wohnen in Mexiko oder Peru!
*nehmen Sie stattdessen Zitrone und Himbeeren
JARDAN
PS Diese Tasche ist aus dem von meinem Sofa übrig gebliebenen Stoff genäht.

SCHRITT 2

IN GROSSEN MENGEN EINKAUFEN

Das ist wirklich nicht kompliziert. Und Sie müssen nicht besonders organisiert sein – nur begeistert von der Idee! Die beste Option sind Wochenmärkte. Nicht nur wegen der Gratisproben und der besseren CO_2-Bilanz, sondern weil die Sachen dort saisonal sind und deswegen am besten für Ihre ayurvedische Konstitution. Das nenne ich Flow! (Der Gemüsehändler oder Supermarkt ist aber auch in Ordnung.)

IM SUPERMARKT MÜHELOS SPAREN

Wie ich ganz einfach spare und dabei nur gewinne.

Kaufen, was Saison hat: Ich sag's noch einmal. Dies ist die einfachste Art, Geld zu sparen (und den Planeten zu retten).

Fleisch, Käse und Wurstwaren kaufen, die im Preis herabgesetzt sind: Verderbliche Sachen sind oft ein paar Tage vor Ablauf ihres Mindesthaltbarkeitsdatums herabgesetzt. Wenn ich etwas sofort essen oder einfrieren kann (oder wenn es etwas ist, das sowieso mit dem Alter besser wird), kaufe ich gleich viel davon. Hackfleisch kann man prima herabgesetzt kaufen, dann Fleischklößchen daraus machen (Seite 146/147) und diese sofort einfrieren. So spielt das MHD keine Rolle mehr.

Kaufen Sie zweitklassige Fleischteile: Diese sind preiswerter. Meist sind es magerere Fleischteile mit mehr Muskelfleisch, die aber mehr Geschmack und eine größere Nährstoffdichte haben.

* **Hühnerflügel und -beine** statt -brüste (Flügel und Beine kosten oft die Hälfte, und dunkles Fleisch enthält mehr Mineralstoffe als weißes).
* **Lamm- und Schweineschulter, Oberschale oder Teile vom Bein** statt Lende, Kotelett oder Filet.
* **Vom Rind Beinscheiben, Schwanzstücke, Oberschale, Kamm und Bruststück** statt Filet, Rumpsteak oder T-Bone-Steak.
* **Fischreste** – wenn Sie eine Suppe oder ein Curry machen, wozu brauchen Sie dann ein ganzes Filet?

Suchen Sie nach nicht perfektem Gemüse: Viele Supermärkte bieten diese »deformierten Außenseiter« mit einem Preisnachlass an. Wenn Sie Ihr Gemüse nicht als Vorlage für ein Ölgemälde verwenden wollen, nehmen Sie immer das weniger perfekte.

Holen Sie sich Fleischknochen: Mein Metzger gibt sie mir umsonst. Meist bekommen Sie für wenig Geld eine große Tüte voll, aus der Sie mehrere Liter lebensspendende, Gelenken und Darm wohltuende Rinderbrühe machen können (siehe Seite 38).

Kaufen Sie weniger begehrtes Gemüse: Kohlrüben, weiße Rüben, Pastinaken, Süßkartoffeln, Blumenkohl, Kohl ... Man bekommt sie fast das ganze Jahr über, und meist sind sie preiswerter als Kartoffelchips. Deswegen verwende ich sie in diesem Buch häufig.

SCHRITT 3

SORTIEREN UND LAGERN

Wenn Sie Ihren Einkauf nach Hause gebracht haben, müssen Sie alles sortieren und lagern. Vielleicht denken Sie jetzt: *Wirklich?! Ich muss nach dem Einkaufen auch noch langweilige Küchenarbeit machen?* Ja, das muss sein. Es dauert nicht lange und erspart Ihnen später Zeit. PS: Ich erledige das Auspacken, Wegpacken und den nächsten Teil – vorkochen, einfrieren und konservieren (siehe Seite 24) – alles mit einem Mal.

DIE FRISCHEN SACHEN LAGERN

Das meiste Gemüse lagert am besten im Kühlschrank. Zwiebeln und Kartoffeln bleiben draußen, in einem Schrank oder in der Speisekammer, getrennt voneinander und von anderem Gemüse.

Gurken, Tomaten, Paprikaschoten, Kürbis, Auberginen und Zucchini: Erst waschen, wenn Sie sie verwenden. Bei Raumtemperatur lagern (falls es bei Ihnen zu Hause kühl ist – also 12–20 °C, und Sie sie innerhalb von zwei bis drei Tagen verbrauchen), sonst im Kühlschrank in Papiertüten (aber nicht im untersten Fach, das normalerweise am kältesten ist).

Zitronen: In einem *verschlossenen* Beutel im Kühlschrank aufbewahren – so halten sie sich einen Monat.

Karotten: Das Grün abschneiden (es entzieht der Karottenwurzel Nährstoffe und Geschmack) und wie Kräuter aufbewahren (siehe rechte Seite). Die Karotten im Kühlschrank in einem abgedeckten Gefäß in Wasser lagern.

Wenn Sie eine unreife Avocado geöffnet haben, das Fleisch mit Zitronensaft einreiben, die Hälften wieder zusammendrücken, in Frischhaltefolie einwickeln und in den Kühlschrank legen. Die Avocado wird weich, ohne braun zu werden.

Avocado: Unreife Avocados in einer Papiertüte zusammen mit einer Banane oder einem Apfel aufbewahren – so reifen sie in fünf Tagen.

Rote Bete: Blätter entfernen und wie Kräuter aufbewahren (siehe nächste Seite). Die Roten Beten nicht waschen – die Erde hilft ihnen, Feuchtigkeit zu halten. Rote Bete im Gemüsefach lagern, wenn Sie mögen in einer Tüte.

Spargel: Enden abschneiden und die Spargelstangen aufrecht in ein Glas mit Wasser in die Kühlschranktür oder auf die Arbeitsplatte (wenn Ihre Küche kühl ist) stellen und lose eine Plastiktüte überstülpen. Die Spargelenden können zu den Resten für eine Brühe gegeben werden (Seite 32).

Frühlingszwiebeln: Das ganze Bund in einen Topf oder den Garten pflanzen und einen ganzen Stiel abschneiden, wenn Sie ihn brauchen. Oder das Bund in ein Glas mit Wasser aufs Fensterbrett stellen und bei Bedarf die grünen Spitzen abschneiden.

Fleisch: Im Fleischfach des Kühlschranks lagern, wenn das Fleisch in den nächsten drei Tagen verbraucht werden soll. Sonst in Portionen für eine Mahlzeit einfrieren.

Grünkohl und andere Blattgemüse: Um ehrlich zu sein, sollten diese am besten sofort gekocht und gegessen werden, aber wenn Sie sie aufbewahren wollen, dann auf die gleiche Art wie Blattsalat (siehe unten). Die Rippen kommen in den Vorratsbeutel für Brühe (siehe Seite 32).

Blattsalat: Den Stiel herausschneiden, die Blätter abzupfen, im Spülbecken in kaltem Wasser waschen, dann trocknen und wie Kräuter (unten) aufbewahren.

Oder mit dem Handtuchtrick: Die Blätter auf ein altes Handtuch legen und dieses zusammenrollen. Dann nach Bedarf aufrollen, sodass immer nur die erforderlichen paar Blätter aufgedeckt werden.

Kräuter: In Handtücher oder wiederverwendbaren Stoff (oder wenn's sein muss, Küchenpapier) wickeln und so gestapelt in einem großen Gefäß mit Deckel oder einem großen verschließbaren Plastikbeutel lagern. Oder die Wurzeln säubern und die Kräuter in ein Glas mit Wasser stellen und lose eine Plastiktüte überstülpen. Beides funktioniert prima.

Ich nehme Krankenhaus-Verbandsmaterial, das man in der Apotheke bekommt.

Brunnenkresse: Sofort im Spülbecken in Wasser waschen, sehr gut trocknen (siehe unten) und wie Kräuter lagern.

Brunnenkresse (und andere Blattgemüse) trocknen

Die gewaschene Kresse in ein sauberes Kopfkissen oder einen Wäschebeutel geben. Aus der Wohnung gehen und draußen den Beutel wild herumschleudern. Oder den Beutel in die Waschmaschine legen und 20 Sekunden schleudern. Das meine ich ernst. Brunnenkresse hält sich so länger als eine Woche.

Ich glaube, das ist mein LIEBSTER Küchentrick überhaupt!!

WAS SOFORT IM GEFRIERSCHRANK GELAGERT WERDEN KANN

Im Allgemeinen friert man Proteine und Obst am besten roh ein, während man die meisten Gemüse lieber vorkocht. Lebensmittel sollten so frisch wie möglich eingefroren werden; das sorgt dafür, dass die Qualität aufrechterhalten bleibt, weil ihr normaler Nährstoffverlust durch Bakterien verlangsamt wird. Meine Tipps zum Einfrieren Ihres Einkaufs:

Den Gefrierschrank immer gut gefüllt halten.
Das ist energieeffizienter als ein leerer Gefrierschrank, da feste Objekte kälter werden als die Luft und so weniger Strom verbrauchen.

In Seifenwasser waschen, abspülen, von innen nach außen drehen und feucht an Küchenkacheln oder Fenster kleben.

Bei Verwendung von verschließbaren Kunststoffbeuteln:
Gekühltes Gemüse und Fleisch in Portionen aufteilen und wie Bücher aneinanderreihen, um Platz zu sparen und gut organisiert zu sein. (Die Beutel können gewaschen und wieder verwendet werden.)

Vermeiden Sie nach Möglichkeit die Verwendung von Plastikgefäßen.
Aber laufen Sie nicht los, um neue Gefäße zu kaufen; verwenden Sie möglichst oft leer gewordene Gläser. Oder investieren Sie in Pyrex-Gefäße, die auch zum Kochen verwendet werden können.

Lassen Sie oben im Gefäß immer gute zwei Zentimeter frei.
Flüssigkeiten dehnen sich beim Einfrieren aus, und so bricht das Gefäß während des Gefrierprozesses nicht.

Andere Sachen, die Leute in ihren Gefrierschrank tun:
* Kreditkarten (in eine Tasse mit Wasser)
* Namen von Ex-Freunden auf einem Stück Papier
* Jeans (anstatt sie zu waschen; vermeidet das Ausbleichen)

Ist nach dem Auftauen etwas matschig, was aber für Smoothies, Brühen oder Suppen keine Rolle spielt.

ROHES STEINOBST
(waschen, in Scheiben schneiden und am besten auf einem flachen Tablett einfrieren, bevor man es im Gefrierschrank in einem großen Beutel unterbringt.

ROHE NÜSSE/SAMEN
(möglichst vorher aktiviert; siehe Seite 30)

Auch Nussmehl friert man am besten ein.

HACKFLEISCH
(portioniert)

ROHER STANGEN-SELLERIE
(in Stücke geschnitten)

BEEREN
(waschen, entstielen und am besten auf einem flachen Tablett einfrieren und dann in einem großen Beutel im Gefrierschrank lagern)

KIWIS
(in Stücke geschnitten)

BACON
(Ich friere eine ganze Packung ein und schneide bei Bedarf durch mehrere Scheiben hindurch ab.)

GRANATAPFEL-KERNE
(ganze Frucht kaufen, wenn sie Saison hat, Kerne einfrieren, dann über Salate etc. streuen)

LAMMFLEISCH
(Das friere ich roh ein.)

SCHRITT 4

VORKOCHEN, EINFRIEREN, KONSERVIEREN

Als Nächstes kochen Sie eine große Menge Ihrer Einkaufsbeute vor und frieren den Löwenanteil ein. Den Rest konservieren Sie (siehe Seiten 216–229 für Fermentiertes, Pickles und Tonics). Dadurch gewinnen Sie gleich dreimal: Sie erhalten die Nährstoffe, haben mehr Platz im Kühlschrank und können sich monatelang über fertiges Essen freuen. Ich koche das meiste Gemüse vor, weil die Enzyme es sonst weiter altern lassen, auch wenn es tiefgefroren ist. Diese Technik, einmal jede Woche oder einmal alle 14 Tage durchgeführt, ist vielleicht der genialste Teil meines Ernährungsflows.

VORGEKOCHTES UND TIEFGEFRORENES GEMÜSE

Sie können alle festen, nicht salatartigen Gemüse nehmen. Folgende habe ich fast immer im Vorrat:

Brokkoli und Blumenkohl, in kleine Röschen geschnitten

Blattgemüse (Spinat, Grünkohl, Rote-Bete-Blätter), in 1 cm breite Streifen geschnitten (mit Rippen)

grüne Bohnen, geputzt

Im Dampfgarer ein Gemüse nach dem anderen dämpfen, immer wieder dasselbe Wasser nehmen und eventuell auffüllen. Jedes Gemüse ein bis zwei Minuten dämpfen oder bis es etwa zu 60 Prozent gegart ist, dann in kaltem Wasser abspülen, um den Garprozess zu stoppen.

Ich teile meine vorgekochten Gemüse in Portionen und fülle sie in Gefäße oder Plastikbeutel. Oder Sie können sie alle zuerst auf einem Backblech einfrieren und dann in einen großen Beutel füllen, aus dem Sie jeweils das entnehmen, was Sie gerade brauchen (wie auch bei tiefgefrorenen Erbsen).

VERWENDEN SIE DAS ÜBRIGE WASSER VOM DÄMPFEN
Es eignet sich gut für eine Gemüsebrühe.

BLUMENKOHL- ODER BROKKOLIREIS

ERGIBT 600–900 G

1 Kopf Blumenkohl oder 1 großer Kopf Brokkoli, grob zerkleinert (auch den Strunk)

In der Küchenmaschine zerkleinern, bis das Gemüse reisähnliche Konsistenz hat. In Portionen aufteilen, einfrieren und bis zu drei Monaten lagern.

Verstopfung?
Kalte Wurzelgemüse und Hülsenfrüchte helfen!

Die neueste Empfehlung, um einer trägen Verdauung auf die Sprünge zu helfen, ist resistente Stärke, die unverdaut zum Dünndarm reist und dort die gute Darmflora fördert. Diese wiederum bringt alles schön in Schwung. Mit resistenter Stärke versorgt man sich am einfachsten mit einer guten Portion Kartoffeln, Süßkartoffeln oder Hülsenfrüchten, die gekocht wurden und wieder kalt geworden sind und die man wieder aufwärmt.

Während der Backofen an ist …

… machen Sie veganes »Hackfleisch« (Seite 120) oder Kohl-Hummus (Seite 121).

GEKOCHTE UND TIEFGEFRORENE ROTE BETE

4–5 Rote-Bete-Knollen (Blätter für Reste-Pesto aufheben – Seite 49), geputzt, gewaschen und mit der Gabel eingestochen (nicht schälen!)

Backofen auf 180 °C vorheizen. Rote Beten auf ein Backblech legen (kein Öl, kein Salz, kein Backpapier) und 30 Minuten backen, bis sie gerade weich sind. Abkühlen lassen und schälen (tu ich nicht, weil ich die Textur der Schale mag), dann im Gefrierschrank lagern.

GERÖSTETE WURZELGEMÜSE

Geröstetes Gemüse schmeckt nach ein paar Tagen noch besser. Verwenden Sie es in Mischmasch-Gerichten aus Resten (Seiten 164–175) und meinen Super Bowls (Seiten 86–95). Abhängig von der Saison können Sie wählen aus:

1 Kürbis, geschält, entkernt (geht gut mit einem großen Löffel) und in 4 cm große Stücke geschnitten

2–3 Süßkartoffeln, abgebürstet und in 4 cm große Stücke geschnitten

4–5 Pastinaken, Karotten und/oder Rüben, in 4 cm große Stücke geschnitten

Rosenkohl, geputzt (halbieren, wenn die Röschen sehr groß sind)

ein paar Zweige Rosmarin

1–2 Knoblauchknollen, Spitze abgeschnitten

Butter, Ghee oder Kokosöl, geschmolzen, zum Beträufeln

Meersalz

Den Backofen auf 180° C vorheizen.

Gemüse, Rosmarin und Knoblauch auf einem großen Backblech verteilen. Butter, Ghee oder Kokosöl und Salz darüber verteilen und alles mit den Händen vermischen. Auf der mittleren Schiene 40–60 Minuten backen. Knoblauchzehen herausdrücken und Rosmarinnadeln von dem verkohlten Stiel abzupfen. Abkühlen lassen und im Kühlschrank drei bis vier Tage lagern.

KÜRBIS- ODER SÜSSKARTOFFELPÜREE

ERGIBT 1–1,5 L

1 Kürbis (etwa 2–3 kg), in Viertel geschnitten,

Geht mit allen Kürbisarten

oder 4 große Süßkartoffeln, abgebürstet und ganz gelassen

2 EL Butter, Ghee oder Kokosöl

1 Prise Meersalz

Backofen auf 180 °C vorheizen. Kürbiskerne und faseriges Inneres herauskratzen und wegwerfen. Kürbis oder Süßkartoffeln auf ein Backblech legen und mit Butter, Ghee oder Kokosöl und Salz einreiben. Auf mittlerer Schiene backen, bis das Fleisch weich ist – etwa eine Stunde. (Wenn Sie nicht viel Zeit haben, Kürbis oder Süßkartoffeln in kleinere Stücke schneiden und 30 Minuten backen.) Das Kürbisfleisch herauslöffeln (oder Schalen der abgekühlten Süßkartoffeln abziehen) und mit dem Pürierstab oder einem Kartoffelstampfer pürieren. Abgekühlt in Portionen von 250 g oder in Eiswürfelformen einfrieren.

SÜSSKARTOFFELSCHALEN VERWENDEN

In Kokosöl oder Bacon-Fett mit etwas Salz bei hoher Temperatur braten, um Chips herzustellen.

GRÜNKOHL ODER ROTE-BETE-BLÄTTER MASSIERT

Lachen Sie nicht! Das gibt es wirklich. Grünkohlblätter und Blätter von Roten Beten sind faserig und können roh schwer verdaulich und ziemlich bitter sein. Das Gemüse mit Öl und einer Säure zu »kneten« oder zu »massieren« macht es weniger hart. Die Blätter werden dunkler, etwas kleiner, seiden in ihrer Textur und süßer im Geschmack. Und ein kräftig massierter Blattsalat aus Grünkohl oder Rote-Bete-Blättern hält sich im Kühlschrank bis zu einer Woche.

1 Kopf Grünkohl, Rippen entfernt, Blätter klein gerissen

(oder Blätter von einem Bund Rote Bete, klein gerissen)

75 ml Powerhouse-Dressing (Seite 47) oder je 2 EL Olivenöl und Zitronensaft

1 TL Meersalz

Alle Zutaten in einer Schüssel vermischen und die Blätter fünf Minuten oder bis sie weich und welk sind massieren – wie eine Tiefengewebsmassage, quetschen und kneten. Solo essen oder für einen Salat verwenden.

WIE ICH MEINE EISWÜRFEL-BEHÄLTER VERWENDE

Genau so, das hält das Kochen im Flow:

1. Reste im Eiswürfelbehälter einfrieren
2. Die gefrorenen Würfel herausdrücken und in einen Gefrierbeutel füllen (so wird das Eiswürfelgefäß wieder frei)
3. Den Beutel etikettieren
4. Mit den Würfeln können Sie Gerichte ablöschen oder Flüssigkeit, Masse oder Geschmack hinzufügen.

Rohe Schokolade (Seite 50): Rezept für Instant-Heiße-Schokolade: Einen Würfel in einen Becher mit heißer Milch geben. Oder für sofortigen Genuss einen Würfel schmelzen und über Eiscreme träufeln.

Übrig gebliebene Avocado: Mit Kokoswasser oder Kokosmilch und/oder etwas Zitronensaft pürieren. Perfekt für Misomite (Seite 48), Grüne-Göttin-Dressing (Seite 48), Smoothies und Reste-Pesto (Seite 49).

Pesto und Dressings: Ein Würfel ist die perfekte Größe für eine einzige Portion. Zu verwenden für Pasta, Super Bowls (Seiten 86–95), Salat, Fisch und Fleisch.

Kürbis- oder Süßkartoffelpüree (Seite 25): Zum Hinzufügen zu Aufläufen, Pastagerichten und allem, was noch einen besonderen Pfiff braucht. Oder für Smoothies, heiße Schokolade, Muffins oder Kuchen statt eines Süßungsmittels (bei Verwendung fürs Backen zum Aufsaugen der Flüssigkeit Chiasamen hinzufügen).

Geraspelte rohe Zucchini: Smoothie-Futter

Gekochtes Gemüse: Pürieren und einfrieren – toll für Smoothies, Saucen und alles, was Sie mit Nährstoffen aufpeppen möchten.

Kräuter in Öl, Wein oder Brühe: Jeden Würfel zu einem Drittel mit frisch gehackten Kräutern füllen (mit Petersilie, Thymian, Rosmarin, Salbei und Oregano geht's am besten!) und mit einem Weinrest, Brühe oder Olivenöl auffüllen. Aufläufen oder Suppen beifügen oder darin Gemüse dünsten, anstatt es in Öl anzubraten.

Eiweiß: Die Würfel in einen Tiefkühlbeutel füllen und innerhalb von zwölf Monaten aufbrauchen (wirklich!). Vor der Verwendung vollständig auftauen lassen – es lässt sich bei Raumtemperatur besser schlagen.

Eigelb: Damit sie nicht gelieren, immer drei großen Eiern ⅛ TL Salz hinzufügen. Wenn damit gekocht wird, ein frisches Eigelb durch einen Esslöffel aufgetautes Eigelb ersetzen.

Ganze Eier: Wenn Sie meinen, Sie verbrauchen den ganzen Karton nicht rechtzeitig, schlagen Sie ein paar Eier und gießen Sie sie in einen Eiswürfelbehälter, um sie später für Omeletts zu benutzen.

Kokosmilch, Kokoscreme, Kokoswasser: Praktisch für Smoothies oder Rezepte, in denen nur kleine Mengen gebraucht werden.

Beeren mit Kokoscreme: Ein paar Beeren hineingeben und mit der Creme oder Joghurt auffüllen, um eine süße Leckerei bereitzuhaben (oder für Smoothies).

Brühe: Toll für den Rest, der nicht in den großen Behälter gepasst hat (für Rezepte Seiten 38/39). Zum Ablöschen oder um Gemüse zu dünsten, anstatt es in Öl zu braten.

Zitronen- und Limettensaft: Es ist sehr unpraktisch, Zitrussaft löffelweise zuzubereiten. Stellen Sie ihn im Mixer (oder Entsafter) in größerer Menge her und frieren Sie ihn in ein-bis-zwei-Esslöffel-großen Portionen ein.

Schmalz und Bratenfett: Die Würfel zum Ablöschen oder Anbraten von Gemüse verwenden. Oder Würfel mit Kräutern damit auffüllen und einfrieren (siehe oben).

Saucenreste und Flüssigkeit vom Eintopf: Eine prima Art zur Verwendung der Reste einer köstlichen Sauce (zum Beispiel Brunnenkresse-Sauce, Seite 112) oder eines Eintopfs. Zum Schmoren, Ablöschen und für Mischmasch-Gerichte aus Resten (Seiten 164–175).

BOHNEN, KÖRNER, NÜSSE UND SAMEN

Vielleicht ist Ihnen inzwischen bekannt, dass Bohnen, Körner, Nüsse und Samen wegen bestimmter Stoffe als problematisch gelten. Nein? Also, es ist so:

* Die meisten dieser Lebensmittel enthalten sogenannte Antinährstoffe – vor allem Enzyminhibitoren, die sie schwer verdaulich machen – und Phytinsäure, die Mineralstoffe bindet und deren vollständige Aufnahme verhindert.
* Das heißt nicht, dass diese Lebensmittel aus unserer Ernährung verbannt werden sollten. Es heißt nur, dass man die am wenigsten schädlichen auswählen, sie in Maßen essen und sie richtig zubereiten sollte – nämlich einweichen oder fermentieren (wie es unsere Großmütter taten).
* Einweichen oder Keimen oder Fermentieren baut die Phytinsäure ab, sodass sie keine Verbindung mit den Mineralstoffen mehr eingehen kann; es hilft bei der Freisetzung von Nährstoffen, die eine bessere Verdauung fördern, und führt zur Bildung von Enzymen, die bei der Verdauung von Proteinen und Ballaststoffen helfen. Dreifaches Plus!

GEKOCHTE QUINOA

Vor dem Kochen muss Quinoa zweimal gut gespült werden, um die giftige, natürlich vorhandene Saponinschicht zu entfernen.

ERGIBT 540 G

225 g Quinoa, zweimal gespült

500 ml Wasser

Die Quinoa in einen Topf geben und das Wasser zugießen. Topf bedecken und Wasser zum Kochen bringen. Temperatur herunterschalten und das Wasser 15 Minuten köcheln lassen oder bis die Quinoa alles Wasser aufgenommen hat. Topf von der Hitzequelle nehmen und zugedeckt fünf Minuten stehen lassen. Quinoa mit einer Gabel auflockern. In Portionen von 135 g aufteilen und diese einfrieren. Die Quinoa hält sich tiefgefroren bis zu sechs Monaten oder im Kühlschrank vier bis fünf Tage.

DAS BRINGT NOCH MEHR NÄHRSTOFFE

Aktivieren Sie die Quinoa vor dem Kochen. 250 g gut gespülte Quinoa mit Wasser bedecken, 2 EL Säure (Apfelessig, Zitronensaft oder Molke) hinzufügen und mit einem Handtuch abgedeckt vor dem Kochen 12–24 Stunden stehen lassen.

Buchweizen – verwirrend vielfältig

Buchweizenkörner sind die rohen Samen, die wie kleine hellbraun-grünliche Pyramiden aussehen. Diese kocht und isst man wie Quinoa oder Reis, und für Salat kann man sie keimen lassen. Aktivierte Buchweizenkörner werden Buckinis genannt und sind eingeweicht und bei geringer Temperatur getrocknet. Diese knusprigen Körner kann man essen, wie sie sind, zum Beispiel in einer Suppe, im Müsli oder in Desserts. Man kann sie auch wie rohen Buchweizen kochen, sie werden schneller gar. Rohe, geröstete Buchweizenkörner nennt man auch Kascha oder Kasha, was im slawischen Raum außerdem der Name für einen Brei mit diesen Körnern ist. Alles klar?

Buchweizen oder Quinoa?

- Beide enthalten viel Protein und alle essenziellen Aminosäuren, wobei Buchweizen etwas Vorsprung hat. (Der Vitamin- und Mineralstoffgehalt ist weniger wichtig, da man aus Gemüse und Fleisch viel höhere Mengen zu sich nimmt.)
- Beide sind glutenfrei und enthalten relativ wenig Giftstoffe, wenn sie richtig zubereitet werden.
- Buchweizen enthält sehr viel mehr Antioxidantien als Quinoa.
- Buchweizen ist ethisch besser zu vertreten. Die Beliebtheit von Quinoa in der westlichen Welt hat dazu geführt, dass in Südamerika in manchen Gemeinden Hunger herrscht, weil sie selbst sich das Korn nicht mehr leisten können.
- Buchweizen wird oft angebaut, um den Erdboden für Getreide vorzubereiten. Er ist schon ein Rest, bevor er überhaupt in die Tüte kommt!
- Und schließlich kocht Buchweizen schneller (weniger Stromverbrauch!). Außerdem liebe ich den karamelligen Röstgeschmack und die Textur der aktivierten Körner.

GEKOCHTER BUCHWEIZEN

ERGIBT 1,3 KG

350 g roher Buchweizen

750 ml selbst gemachte Brühe (Seite 38) oder Wasser

½ TL Meersalz

Ich weiche meinen ein, bevor ich schlafen gehe.

Den Buchweizen über Nacht in viel Wasser einweichen (Buchweizenkörner sind extrem durstig). Am nächsten Tag gut spülen, abgießen und mit der Brühe oder dem Wasser und dem Meersalz in einen Topf geben.

Flüssigkeit zum Kochen bringen, dann Temperatur herunterschalten und etwa acht Minuten köcheln lassen, bis die Flüssigkeit ganz aufgenommen ist. Danach fünf Minuten zugedeckt stehen lassen und dann den Buchweizen mit einer Gabel auflockern. In 30-g-Portionen aufteilen und einfrieren. Hält sich bis zu drei Monaten.

SO GEHT'S SCHNELLER

Anstatt den Buchweizen einzuweichen, kann ein Teil der Phytinsäure auch dadurch entfernt werden, dass man die Körner in einer trockenen Pfanne (kein Öl!) fünf Minuten lang röstet, bevor man das Wasser hinzufügt. Dann 15 Minuten kochen.

Buchweizen enthält relativ viel Phytase (das gute Enzym, das Phytinsäure abbaut), daher reicht eine Einweichzeit von 7–8 Stunden, sonst wird der Buchweizen zu breiig. Eine gewisse breiige Konsistenz ist jedoch normal.

AKTIVIERTER BUCHWEIZEN

ERGIBT 850 G

350 g roher Buchweizen, über Nacht eingeweicht, gespült und gut abgetropft

Den Buchweizen auf einem großen Backblech verteilen. Im Backofen auf der niedrigsten Temperatur (nicht mehr als 50° C) etwa acht Stunden trocknen, bis er knusprig ist. In einem luftdichten Gefäß lagern, hält sich bis zu drei Monaten.

SO WIRD'S NOCH NAHRHAFTER

Den Buchweizen zuerst keimen lassen, dazu die rohen Körner ein bis zwei Stunden einweichen, dann in ein feinmaschiges Sieb über eine Schüssel (oder in ein großes Glas mit einem Musselintuch über der Öffnung) füllen und ein- bis zweimal am Tag waschen und abgießen, bis sich kleine Keime bilden (mehr zum Keimen siehe Seite 228). Dann wie oben beschrieben im Ofen trocknen.

WÜRZIG-SÜSSER BUCHWEIZEN

Eingeweichten oder gekeimten Buchweizen mit 3 TL Kürbisgewürz-Mischung (Seite 41) oder 2 TL gemahlenem Zimt und 1 TL gemahlener Muskatnuss vermischen.

SALZIGER KARAMELL-BUCHWEIZEN

Eingeweichten oder gekeimten Buchweizen mit 2 TL Maca-Pulver, 1 TL Meersalz und 1 TL gemahlenem Zimt vermischen.

ORIENTALISCHER BUCHWEIZEN

Eingeweichten oder gekeimten Buchweizen mit 1 EL Ras el-Hanout (Seite 41) und 1 TL Meersalz vermischen.

Wissenswertes zu Bohnen und Hülsenfrüchten

- Produkte in Dosen vermeiden (es sei denn, sie sind Bioprodukte) – sie sind nicht richtig zubereitet. Und dann ist da noch die CO_2-Bilanz und das BPA-Problem der Dose.
- Braune Linsen sind am nährstoffreichsten und auch am schnellsten zu kochen. Sie kommen im Buch am häufigsten vor.
- Die meisten Hülsenfrüchte möglichst 24 Stunden einweichen. Dadurch werden 20–50 Prozent der Phytinsäure abgebaut.
- Die Bohnen im Kochwasser lagern. Sie halten sich so besser (sowohl im Kühlschrank als auch im Gefrierschrank), und für die meisten Gerichte kann auch gleich beides verwendet werden.

Ich weiche meine Linsen sieben Stunden ein, auch wenn die meisten das nicht tun.

GEKOCHTE BOHNEN UND HÜLSENFRÜCHTE

ERGIBT 750 ML

Ich bin kein leidenschaftlicher Fan von Hülsenfrüchten (diese Blähungen!), aber richtig zubereitet können sie eine vernünftige Nährstoffergänzung bilden und preiswert zur Sättigung beitragen. An dieser Stelle folgt in den meisten Büchern eine sehr ausführliche Liste mit den verschiedenen Einweich- und Kochzeiten für die Millionen Hülsenfrüchte, die es gibt. Eine Verschwendung von Papier und Ihrer wertvollen Zeit! Ich versichere Ihnen, es kann so einfach sein wie hier:

200 g getrocknete Hülsenfrüchte (jede Art, sogar Linsen und Mungobohnen)

Optional, aber dadurch baut sich die Phytinsäure noch besser ab.

750 ml heißes Wasser

1 EL Molke, Apfelessig oder Zitronensaft

Alle Zutaten in eine Schüssel geben und über Nacht weichen lassen. Am nächsten Morgen abgießen und Hülsenfrüchte in einen Topf füllen. Mit Wasser bedecken und bei mittlerer Hitze zum Kochen bringen. Zehn Minuten kochen lassen, dann Temperatur herunterschalten und köcheln lassen, bis die Hülsenfrüchte weich sind (bis zu einer Stunde).

Abkühlen lassen und in 250-ml-Portionen aufteilen (½ Hülsenfrüchte, ½ Kochflüssigkeit). Hält sich so im Kühlschrank drei bis vier Tage, tiefgefroren bis zu sechs Monaten.

AKTIVIERTE NÜSSE UND SAMEN

Das Aktivieren bringt Vorteile für die Verdauung und erzeugt eine knusprigere Version des Originals, mit einem leichten Röstaroma. Das ist die Mühe wert!

1 Päckchen rohe Nüsse oder Samen (z. B. Mandeln, Kürbiskerne, Walnüsse)

1 Prise Salz

Nüsse oder Samen in eine Schüssel mit Wasser geben. Salz hinzufügen, bedecken und über Nacht weichen lassen.

Am nächsten Morgen die Nüsse/Samen abgießen. Auf einem Backblech ausbreiten (kein Öl, kein Backpapier) und im Backofen 12–24 Stunden auf der niedrigsten Temperatur (weniger als 65 °C) trocknen. Abkühlen lassen und in einem verschlossenen Gefäß im Gefrierschrank lagern.

WIE LANGE HÄLT WAS?

Eigentlich kann man Speisen unendlich gefroren lassen (vom Sicherheitsstandpunkt), aber bei vorgekochtem und dann tiefgefrorenem Gemüse ist ein Zeitraum von bis zu drei Monaten am besten für die optimale Textur und den optimalen Geschmack. Für andere Lebensmittel empfehle ich folgende Lagerungszeiten:

Fisch (gekocht) – 1 Monat
Fleischsuppe – 2 Monate
Fleisch (gekocht) – 2 Monate
Bohnen, Getreide, Nüsse und Samen (gekocht) – 3 Monate

RICHTIG EINFRIEREN UND AUFTAUEN

Das Gefriergut muss immer kühl sein, damit es schnell gefrieren kann. Langsames Gefrieren verursacht eine Ausdehnung der Wasserzellen und schadet dem Lebensmittel.

Langsam im Kühlschrank auftauen (am besten einen Tag lang oder zwei), aber einige Sachen können noch gefroren in Smoothies, Eintöpfe, Suppen, Pastasaucen usw. gegeben werden.

Sie können Essen wieder einfrieren, das doch nicht gleich verbraucht werden soll, solange es im Kühlschrank angetaut wurde und noch sehr kalt oder teilweise gefroren ist.

Fleisch, Geflügel und Meeresfrüchte immer im Kühlschrank auftauen (nicht länger als zwei Stunden auf der Arbeitsfläche liegen lassen). Eintopffleisch, Geflügel und Meeresfrüchte halten sich nach dem Auftauen zwei Tage, rote Fleischteile (zum Beispiel Rinder-, Schweine- oder Lammbraten, -koteletts und Steaks) drei bis fünf Tage.

RESTE VERWERTEN

IMMER GLEICH RICHTIG LAGERN

Ich sammle alle Schalen, Blätter, Stiele, abgeschnittene Teile und andere Reste in Beuteln oder Gefäßen, um sie später für Brühen, Smoothies und Pestos zu verwenden. Wenn ich keine Zeit habe, gleich etwas daraus zu machen, packe ich das Ganze in den Gefrierschrank.

Sie brauchen etwa 600 g Gemüsereste für 2 Liter Brühe.

RESTEBEUTEL FÜR GEMÜSEBRÜHE

Zwiebel- und Karottenenden, Selleriestückchen, Kräuterstängel, Parmesanrinde etc. in einem Gefrierbeutel im Gefrierschrank lagern, um daraus Gemüsebrühe zu machen oder die Reste zu Fleischbrühe oder gekochten Bohnen hinzuzufügen. Folgende Gemüsearten sind nicht für Brühe geeignet, sie schmecken zu stark hervor: Kohl, Rosenkohl, Brokkoli, Blumenkohl, Rüben oder Artischocken.

Ich nehme einen Extrabeutel für Spargelbrühe (Seite 39).

RESTEBEUTEL FÜR HÜHNER- ODER RINDERKNOCHENBRÜHE

Rohe Knochen oder gekochte Knochen vom Huhn oder Rind (nach dem Essen direkt vom Teller) aufheben, bis man etwa 1–2 kg hat (siehe selbst gemachte Brühe Seite 38).

RESTEBEUTEL FÜR FISCHBRÜHE

Für Fischbrühe braucht man die Reste von einigen Fischen (siehe Seite 38), die man nach und nach sammelt. In diesen Beutel kann man auch Lauch- und Fenchelabfälle geben.

BEUTEL FÜR RESTE-PESTO

Sammeln Sie Stiele und übrig gebliebene Blätter von Grünkohl, Roter Bete, Minze, Petersilie, Koriander, Blattgemüse, Karotten usw. Das Pesto wird am besten, wenn man nicht mehr als 2–3 verschiedene Kräuter oder Gemüse auf einmal verwendet (siehe Seite 49).

BEUTEL FÜR SMOOTHIES

Geriebene Zucchini, Selleriereststücke, Kräuter, übrig gebliebenes gekochtes Gemüse und Obstabfall kommen hier rein.

RESTE VON WÜRZSAUCEN LIEFERN TOLLE AROMEN

* **Salzlake oder Öl von Oliven** kommt in Dressings.
* **Olivenöl von Sardellen** kommt in Dressings.
* **Olivenöl und Kräuter von mariniertem Feta** kommen in Dressings oder nehme ich zum Kochen.
* **Salzlake oder Quellwasser vom Thunfisch** wird zum Dünsten oder Ablöschen verwendet.
* **Das Salz von Kapern** würzt Gerichte.
* **Das Glas mit angetrockneten Senfresten** wird mein Schüttelglas für Salatdressing.

SCHRITT 6

BONUS-SCHRITT!

DER LETZTE TEIL, BEVOR WIR LOSKOCHEN, VERSPROCHEN

FINGER WEG VOM ZUCKER

Ich empfehle, nicht mehr als sechs bis neun Teelöffel zugesetzten Zucker pro Tag zu essen (drei Teelöffel für Kinder). Seit Erscheinen meiner ersten beiden Bücher haben sowohl die Weltgesundheitsorganisation WHO als auch die American Heart Association die gleiche Empfehlung ausgesprochen (bis auf den Teelöffel genau!). Zu beigefügtem Zucker zählt kein frisches Obst, aber Fruchtsaft (ein Glas Fruchtsaft frisch gepresst oder aus der Flasche enthält bis zu neun Teelöffeln) und Trockenfrüchte. Einen Überblick über sichere Süßungsmittel finden Sie auf den Seiten 236/237.

Die Rezepte in diesem Buch enthalten keinen zugefügten Zucker, es sei denn, am Seitenende steht dieses Symbol.

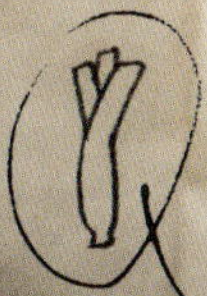

Diese Selleriestange symbolisiert, wie viele Portionen Gemüse und Obst in der Mahlzeit sind.

Und halten Sie Ausschau nach nach HILFREICHEN GERÄTEN (Website siehe Seite 11)

Sollten Sie gar keinen Zucker mehr essen? Schwierig zu sagen, aber wenn Sie mehr Informationen haben möchten, finden Sie die auf iquitsugar.com

Das sind die Testköche des Goodbye-Zucker-Büros + einige aus dem Team, die gerade ihr Mittagessen vorbereiten. (Fast alle hatten einen Anteil an dem Buch, und wenn es nur darum ging, etwas herauszuschmecken.)

Zeus (Bürohund)

DIE REZEPTE

Dies ist Zoe, meine tolle Freundin + Geschäftsführerin von Goodbye Zucker. Am Stiel.

DIE
BASICS

Wirklich ganz EINFACHE Dressings,

Saucen,

KONFITÜREN

fermentierte KÄSE

BRÜHEN

geniale Pestos

MAYO,

und andere clevere GESCHMACKSBOMBEN

zum Füllen von SPEISEKAMMER, Kühlschrank und TIEFKÜHL-SCHRANK …

… so sind Sie 100% organisiert + können einfach mit dem Kochen weitermachen …

SELBST GEMACHTE BRÜHE

ERGIBT ETWA 3 L

Brühe ist das ultimative Resteprodukt. Ich habe immer mehrere Gläser davon im Kühlschrank und im Tiefkühlschrank. Später zeige ich Ihnen, wie man während der Essenszubereitung Brühe macht, aber hier machen wir sie jetzt aus Resten. Knochenbrühe wird aus preiswerten Knochen gemacht, die Sie von Ihrem Metzger bekommen, und wird superlange geköchelt. Für die unten angegebenen Mengen den Topf 5 cm höher als den Inhalt mit Wasser füllen, aber bis zum Topfrand noch 2,5 cm frei lassen. Die Brühe wird jedes Mal etwas anders, machen Sie sich also nicht verrückt, um es genau »richtig« zu machen.

Mein Metzger gibt sie mir umsonst.

FÜR RINDERBRÜHE

1–2 kg Rinderknochen (Mark, Haxe, Rippen, Hals)

FÜR HÜHNERBRÜHE

1–2 (gekochte oder ungekochte) Hühnergerippe und besonders knochige Hühnerteile, wenn vorhanden (Flügel, Hals, Füße)

FÜR FISCHBRÜHE

1 kg Fischgerippe (Köpfe, Schwanzenden oder Abfälle von weißem Fisch – keine Fettfische nehmen!)

2 EL Apfelessig (oder anderer weißer Essig)

1 Zwiebel, grob gehackt

Ich verwende auch die Schale, aber manche tun es nicht, weil sie meinen, dass diese die Brühe bitter macht.

300 g Gemüsereste, auch Schalen, grob gehackt

Was Sie dahaben – Karotten und Sellerie sind am besten. Vermeiden Sie Kohl, Rüben und bitteres Blattgrün – sie machen die Brühe bitter.

1 Lorbeerblatt oder mehrere Thymianzweige

½ TL getrocknete grüne oder schwarze Pfefferkörner

Quelle für Fischreste

Wenn Sie das nächste Mal bei Ihrem Fischhändler sind, fragen Sie nach einem Beutel Fischreste. Noch besser: Wenn Sie Fischfilets kaufen, bitten Sie Ihren Händler, Ihnen diese zu filetieren, und behalten Sie die Reste. Dann wissen Sie, dass diese frisch sind, und plaudern auch länger mit Ihrem Händler. Was ich nett finde.

Die Knochen mit dem Essig in einen großen Suppentopf geben und mit kaltem Wasser bedecken. (Für Rinderbrühe die Knochen vor dem Kochen 30 Minuten einweichen. Die fleischigeren Knochen kann man auch zuerst im Backofen bei 200 °C zehn Minuten lang rösten, um eine braunere Brühe zu erhalten. Ich mach mir selten diese Mühe.) Das Wasser muss die Knochen bedecken, bis zum Topfrand sollten jedoch noch 2,5 cm frei bleiben, da sich das Volumen während des Kochens etwas vergrößert. (Das Wasser sollte kalt sein – durch langsames Erhitzen entwickelt sich der Geschmack besser.)

Zum Kochen bringen. Temperatur reduzieren und Zwiebel, Gemüsereste, Kräuter und Pfefferkörner hinzufügen, dann köcheln lassen:

Rind: 12–72 Stunden
Huhn: 4–24 Stunden
Fisch: 1–3 Stunden

Wenn die Brühe genügend abgekühlt ist, Knochen entfernen und die Flüssigkeit in eine große Schüssel abseihen. (Mit Rinderknochen können Sie eine zweite Portion Brühe mit neuem Gemüse herstellen. Sie wird nicht so stark gelieren und nicht so viel Geschmack haben wie die erste, enthält aber extra Mineralien.) Die Brühe im Kühlschrank abkühlen lassen und dann mit einer Zange oder einem großen Löffel die Schicht erstarrtes Fett an der Oberfläche entfernen – man kann es in Klumpen abheben (wie Eis von einem Teich) – und wegwerfen. (Nicht immer hübsch.) Die übrige Flüssigkeit in 250-ml-Portionen aufteilen und im Tiefkühlfach bis zu drei Monaten aufbewahren (Fischbrühe bis zu einem Monat).

!! **BRÜHE AUS DEM SCHONGARER**

Die oben beschriebene Methode befolgen, alles in den Topf geben und auf niedriger Stufe 8–24 Stunden köcheln.

Heilwirkung von Brühe

* Beim Kochen über eine laaaange Zeit werden Mineralien freigesetzt und in die Flüssigkeit abgegeben. Sie werden in dieser Form gut aufgenommen und stärken das Immunsystem.
* Außerdem setzen die Brüheknochen frei: Glucosamin und Chondroitin, die bei Arthritis und Gelenkschmerzen helfen; Gelatine, die ein Segen für die Neubildung der Magenwand ist; und Glycin, das ein hemmender Neurotransmitter ist und Schlaf und Ruhe befördert.
* Aber da ist noch mehr! Knochenbrühe soll auch wasserbindend sein und so bei der Verdauung helfen, indem sie Verdauungssäfte zur Nahrung anzieht, wodurch schwer zu verdauendes Essen besser verarbeitet wird. Ich trinke angewärmte Brühe, wenn ich mich erschöpft fühle, und merke die positive Wirkung sofort. Die Brühe durchläuft meinen ganzen Körper, und ich spüre neue Energie.

SCHINKEN-PARMESAN-BRÜHE

Ein paar Rinden- oder Endstückchen eines Schinkens, ein paar Stücke Parmesanrinde, zwei zerdrückte Knoblauchzehen und einen Zweig Rosmarin mit ein bis zwei Litern Wasser in einen Topf geben und das Ganze zum Kochen bringen. Temperatur reduzieren und eine Stunde köcheln lassen. Abgießen.

SPARGELBRÜHE

Die hölzernen Enden von zwei bis drei Bund Spargel 45 Minuten in Wasser (am besten das Kochwasser des Spargels) kochen, bis sie ganz weich sind. Den Spargel herausheben und pürieren und das Püree dem Kochwasser wieder zusetzen. Die Flüssigkeit mithilfe eines Löffelrückens durch ein Sieb passieren. Sie erhalten eine dickflüssige Brühe.

Keine Angst vor Bakterien – sie sind alle totgekocht!

MAISKOLBENBRÜHE

Sechs Maiskolben (abgeknabbert und von den Kernen befreit) in ein bis zwei Litern Wasser mit ein paar Lorbeerblättern zum Kochen bringen. Eine Stunde köcheln lassen und abseihen.

Warum Sellerie in Brühen und Saucen?

Ist Ihnen aufgefallen, dass Sellerie neben Karotten und Zwiebeln in allen klassischen Grundlagen für Saucen, Eintöpfe usw. vorkommt (z. B. Soffritto, Mirepoix)? Der Grund: Japanische Wissenschaftler haben herausgefunden, dass er – langsam auf niedriger Flamme geköchelt – mehrere flüchtige Bestandteile freisetzt, die die Wahrnehmung von Süße und Umami der anderen Zutaten steigern.

VORGEKOCHTE EIER UND BACON ~ Wirklich!

Eier halten sich eine Weile im Karton, aber es ist praktisch, gleich ein paar auf einmal zu kochen, denn auch so halten sie sich sehr gut. Das Gleiche trifft auf Schinken zu.

Eier lassen sich am besten pochieren, wenn sie frisch sind, und am besten kochen, wenn sie schon etwas älter sind – ältere Eier lassen sich besser pellen!

GANZ EINFACHE POCHIERTE EIER

Ich bereite ein Dutzend davon auf einmal zu und bewahre sie in einer Schüssel mit kaltem Wasser mehrere Tage im Kühlschrank auf.

weißer Essig oder Reisessig (optional)

frische Eier, Raumtemperatur

Eine flache Bratpfanne mit Deckel mit Wasser füllen oder in einen breiten Topf bis zu einer Höhe von 5 cm Wasser einfüllen. Zum Kochen bringen. Eventuell einen Spritzer Essig hinzufügen – das verhindert, dass das Eiweiß zu sehr auseinanderläuft. Ein Ei in eine Tasse schlagen und dann aus der Tasse vorsichtig in das Wasser gleiten lassen. Sie können nach Wunsch mehrere Eier gleichzeitig pochieren. Sofort die Hitzequelle ausschalten und Pfanne oder Topf mit dem Deckel fest verschließen. Drei bis vier Minuten stehen lassen, dann jedes Ei mit einem Schaumlöffel herausheben.

Wie man ein gekochtes Ei perfekt pellt

Ein robustes Gefäß zur Hälfte mit Wasser füllen, das gekochte Ei hineingeben, das Gefäß fest verschließen und schütteln. Die Eierschale zerbricht rundherum und lässt sich leicht abnehmen. Das Ganze dauert zehn Sekunden. Klasse, oder?

PERFEKT GEKOCHTE EIER

Ich koche mehrere Eier gleichzeitig und bewahre sie dann in der Schale bis zu einer Woche auf. Mehrere nicht ganz frische Eier bei Raumtemperatur in einem Topf mit viel kaltem Wasser bedecken. Unbedeckt zu einem sanften Kochen bringen. Von der Hitzequelle nehmen, den Deckel auflegen und die Eieruhr stellen.

Weich gekocht: 4 Minuten im Topf lassen
Mittelhart: 8 Minuten
Hart: 12 Minuten

Abgießen, dann die Eier in kaltem Wasser abschrecken.
Halten sich im Kühlschrank bis zu einer Woche.

BACON-STÜCKE

Hier kommt einer meiner liebsten Küchentricks – vermeidet nicht nur spritzendes Fett, sondern ergibt perfekt gebratenen Frühstücksspeck.

Falls vorhanden, die Rinde von sechs bis zehn Speckscheiben entfernen (das Fett bleibt dran) und den Speck in 2 cm große Stücke schneiden. In eine Bratpfanne oder einen großen Topf geben und gerade so viel Wasser hinzufügen, dass der Boden bedeckt ist. Bei mittlerer bis hoher Temperatur kochen, bis das Wasser verdampft ist. Temperatur auf mittel zurückschalten und den Bacon braten, bis er kross ist (etwa zehn Minuten – wenden nicht nötig). Das dauert länger, als den Speck gleich zu braten, ist jedoch effektiver. Bacon herausnehmen und auf einem über Pfanne oder Topf gelegten Drahtgitter abkühlen lassen, sodass herabtropfendes Fett aufgefangen wird.

Um die Bacon-Stücke einzufrieren, auf einem Backblech ausgebreitet in den Tiefkühlschrank legen. Gefroren in einem Tiefkühlgefäß oder -beutel im Tiefkühlschrank lagern. So kann man leicht die Menge abbrechen, die man gerade benötigt.

WAS MACHEN MIT DEM ABGETROPFTEN FETT?

Darin kann man toll Eier braten oder Popcorn machen. Fett einfach in ein Glas füllen (oder gleich fürs nächste Gericht in der Pfanne lassen). Hält sich im Kühlschrank einen Monat.

GESCHMACKSBOMBEN FÜR DIE VORRATSKAMMER

Diese zeitsparenden, supernützlichen Mischungen verwende ich im ganzen Buch. Vielleicht machen Sie sich gleich von jeder eine Portion?

RAS EL-HANOUT

ERGIBT ETWA 8 ESSLÖFFEL

2½ EL gemahlener Koriander

2½ EL gemahlener Zimt

2½ EL gemahlene Kreuzkümmelsamen

1 EL Cayennepfeffer

Alle Zutaten in ein luftdichtes Gefäß füllen, fest verschließen und schütteln. Hält sich sechs Monate.

ALGEN-DUKKAH

ERGIBT ETWA 300 G

225 g Macadamia-Nüsse

2 TL Kreuzkümmelsamen

1 TL Koriandersamen

3 EL weißer Sesam

4 EL Rotalgen-Pulver oder 4 Nori-Blätter

2 TL getrockneter Oregano

Meersalz und frisch gemahlener schwarzer Pfeffer

Die Macadamia-Nüsse in einer Pfanne bei mittlerer Temperatur goldbraun rösten (etwa vier Minuten). Aus der Pfanne nehmen, abkühlen lassen und fein hacken.

Die Samen im Mixer oder mit Mörser und Stößel mahlen (und eventuell die Nori-Blätter). In die Pfanne geben und rösten, bis sie beginnen zu duften (etwa zwei Minuten). Abkühlen lassen, dann Macadamia-Nüsse, Oregano und Algenflocken unterrühren. Nach Geschmack mit Pfeffer und Salz würzen. Hält sich im luftdichten Gefäß einen Monat.

KÜRBIS-GEWÜRZMISCHUNG

ERGIBT ETWA 8 ESSLÖFFEL

5 EL gemahlener Zimt

1 EL gemahlener Ingwer

1 EL gemahlene Muskatnuss

1 EL gemahlener Piment

Alle Zutaten in einen luftdichten Behälter füllen, gut verschließen und schütteln. Hält sich sechs Monate.

VANILLEEXTRAKT OHNE ENDE

Dieses Gewürz verwende ich sehr viel, daher dachte ich, es sei an der Zeit, das Rezept dafür weiterzugeben. Nehmen Sie dafür möglichst eine lange, schmale Flasche oder ein entsprechendes Gefäß (ein altes Kapernglas – gut ausgewaschen oder sterilisiert – ist ideal).

3 Vanilleschoten

125 ml Wodka (oder Bourbon, Weinbrand oder Rum)

Die Vanilleschoten längs aufschlitzen. In das Gefäß geben (wenn nötig, halbieren) und mit Wodka oder dem anderen Alkohol bedecken. Verschließen, schütteln und im Dunkeln aufbewahren. Immer wieder einmal schütteln (ein paarmal die Woche); nach vier Wochen kann der Extrakt verwendet werden.

Je länger der Extrakt aufbewahrt wird, desto stärker wird er.

SO WIRD ER ENDLOS

Während Sie den Extrakt verwenden, einfach immer wieder Alkohol aufgießen. Auch eine oder zwei Vanilleschoten hinzugeben, da der Geschmack mit der Zeit nachlässt (eine gute Art, Schoten zu verwerten, aus denen man die Samen für etwas anderes ausgekratzt hat).

Siehe auch Grünkohlchips (Seite 115).

EIN PAAR MILCHPRODUKTE

Welcher Joghurt?
Wählen Sie vollfetten Bio-Naturjoghurt ohne Geschmack und ohne Zucker. Griechischer Joghurt hat meist die besten Ergebnisse. ABER achten Sie auf das Nährwerte-Etikett. Dort sollten nicht mehr als 4,7 g Zucker pro 100 g Joghurt angegeben sein. Dabei handelt es sich um die natürlich enthaltene Laktose in Milchprodukten, und das ist in Ordnung (es sei denn, Sie haben eine Laktoseintoleranz). Alles über 4,7 g pro 100 g ist zugesetzter Zucker.

FRISCHKÄSE UND MOLKE SELBST GEMACHT

Es ist so einfach, Frischkäse und Molke selbst zu machen.

Nehmen Sie auf jeden Fall vollfetten Biojoghurt – mit anderem funktioniert dieses Rezept nicht gut.

1 kg vollfetter Bio-Naturjoghurt

Den Joghurt auf ein quadratisches, sauberes Mull- oder Musselintuch geben, die Enden zusammennehmen und mit einer Schnur oder einem Gummiband verschließen. Den Beutel über eine große Schüssel hängen – ich befestige ihn an einem Holzlöffel, den ich über eine Schüssel lege, andere hängen ihn an eine Schranktür oder sogar an eine Lampe! Die Molke tropft in die Schüssel und zurück bleibt ein wunderbar cremiger Quark. Das Abseihen sollte 12–24 Stunden dauern. Der Frischkäse hält sich im Kühlschrank bis zu einem Monat. Verwenden Sie ihn wie gekauften Frischkäse (siehe das Rezept für Frischkäseglasur auf Seite 50).

Die Molke in einen Eiswürfelbehälter füllen. Wenn sie gefroren ist, die Würfel in einem Gefäß im Tiefkühlschrank aufbewahren. Zum Fermentieren oder Zubereiten von Pesto oder Mayonnaise verwenden.

MARINIERTER ZIEGENKÄSE

Kaufen Sie eine große Menge Ziegenkäse nach Feta-Art (Sie können gern die unten angegebene Menge verdoppeln). In Öl gelagert hält er sich drei Monate.

200 g Bio-Ziegenkäse nach Feta-Art, gekühlt

125 ml Olivenöl extra vergine

1 Knoblauchzehe, geschält

3 Thymianzweige oder 2 Lorbeerblätter

1 TL Fenchelsamen, Pfeffer- oder Pimentkörner

1 Prise Salz

Den Käse in 1,5 cm große Würfel schneiden. Etwas Olivenöl in ein flaches Gefäß gießen. Die Hälfte des Käses, die Knoblauchzehe und die Hälfte der gewählten Kräuter und Gewürze hinzufügen. Mit Salz bestreuen. Etwas mehr Öl zugießen und den übrigen Käse, die Kräuter und Gewürze einfüllen. Das restliche Öl darübergießen, eventuell mehr hinzufügen – der Käse soll vollständig mit Öl bedeckt sein. Das Gefäß verschließen und vor dem Verzehr zwei bis drei Tage im Kühlschrank durchziehen lassen.

ÜBRIG GEBLIEBENES AROMATISIERTES ÖL VERBRAUCHEN
Mit Apfelessig oder Zitronensaft im Verhältnis 2:1 (Öl zu Säure) vermischen und als Dressing verwenden.

Magisches, von selbst hängendes Löffel!

Probleme mit Milchprodukten?

Kreuzkümmel, Gewürznelken, Muskatnuss + Kardamom unterstützen die Verdauung + helfen bei SCHLEIM bildenden Lebensmitteln wie Milch + Joghurt. Geben Sie 1 TL Kürbis-Gewürzmischung zu cremigen Suppen, Smoothies oder einem Glas MILCH + entdecken Sie den Unterschied!

Seite 41

Molke

SAUCEN, DRESSINGS UND PESTOS

Bei mir gehen Dressings so: Ich mache eins aus den Zutaten, die ich gerade habe, dann stelle ich es in einem Glas in den Kühlschrank und verwende es für Super Bowls (Seiten 86–95), Mischmasch-Gerichte aus Resten (Seiten 164–175), Pizzen etc. Wenn nur noch wenig da ist, mache ich die nächste Sauce oder das nächste Dressing. So habe ich immer zwei zur Auswahl, und sie werden mir nicht langweilig.

Bei den folgenden Rezepten habe ich auf möglichst lange Haltbarkeit geachtet. Wenn Sie befürchten, dass sie nicht halten, bis sie aufgebraucht sind, gießen Sie gleich einen Teil in einen Eiswürfelbehälter und füllen Sie die gefrorenen Würfel dann in einen Tiefkühlbeutel – nun können Sie immer einen einzelnen Würfel auftauen.

MAYO MIT MOLKE

ERGIBT ETWA 350 ML

1 Ei

1 TL Dijon-Senf

1 EL Zitronensaft

1 EL selbst gemachte Molke (Seite 42)

1 kräftige Prise Meersalz

250 ml Olivenöl extra vergine guter Qualität

Alle Zutaten bis auf das Öl in der Küchenmaschine auf niedriger Geschwindigkeit verrühren. Nun auf weiterhin niedriger Stufe bei laufendem Motor ganz langsam das Olivenöl in einem dünnen Strahl einlaufen lassen, bis die Mayo dick und glatt ist. (Hab ich gesagt, dass das Öl ganz langsam einlaufen muss? In einem sehr, sehr feinen Strahl, sonst bildet sich keine Emulsion.) Mayonnaise zudecken und vor dem Kühlen acht Stunden bei Raumtemperatur stehen lassen. Das aktiviert die Enzyme in der Molke, und dann hält sich die Mayo im Kühlschrank drei Monate.

SCHNELLE MAYO

Für eine schnelle Mayo, die man sofort verwenden kann, einfach die Molke weglassen und wie oben beschrieben zubereiten, aber ohne die Fermentierphase. Die Mayo sofort in den Kühlschrank stellen und in ein bis zwei Wochen verbrauchen.

AIOLI DARAUS MACHEN

Die Mayo zubereiten und dann einfach am Ende zwei zu einer Paste zerdrückte Knoblauchzehen unterrühren. (Oder Sie halbieren die Mayoportion, lassen eine pur und machen aus einer Portion Aioli; dann nehmen Sie nur eine Knoblauchzehe.)

NOMATENSAUCE

ERGIBT ETWA 1 L

Nomaten … was? Tomatensauce ohne Tomaten! Viel besser als jede Tomatensauce, die Sie je gekostet haben. »Wie flüssige Pizza«, sagte neulich jemand bei uns im Büro. Machen Sie gleich eine ordentliche Menge (ich verdreifache das Rezept) und frieren Sie sie als Würfel oder in Portionen von 125 ml oder 250 ml ein.

2 EL Olivenöl extra vergine

4 Schalotten (oder 2 Zwiebeln), fein gehackt

6 Knoblauchzehen, fein gehackt

1 große Rote Bete (400 g), geputzt, abgebürstet und grob geraspelt

2 Stangen Sellerie, grob geraspelt

3 Karotten, grob geraspelt

1 TL Meersalz

1 EL fein gehackter Oregano

500 ml selbst gemachte Brühe (Seite 38) oder Wasser

40 g entsteinte schwarze Oliven, zum Beispiel Kalamata (für den Umami-Geschmack)

2 EL Zitronensaft

Das Öl in einem Topf bei mittlerer bis niedriger Temperatur erhitzen. Schalotten, Knoblauch, Rote Bete, Sellerie und Karotten etwa zehn Minuten dünsten, bis die Zwiebel durchscheinend ist. Salz, Oregano und Brühe oder Wasser hinzufügen und zum Kochen bringen. Temperatur herunterschalten und etwa 15 Minuten köcheln lassen, bis die Gemüse weich sind. Zusammen mit den Oliven und dem Zitronensaft im Mixer zu einer glatten Masse pürieren. Hält sich in einem verschlossenen Gefäß im Kühlschrank eine Woche oder im Tiefkühlschrank bis zu sechs Monaten.

2 PORTIONEN GEMÜSE + OBST PRO PORTION

Mein Gläsertrick

Dressings in einem „Reste-Glas“ (Glas mit letzten Resten, die innen kleben) herzustellen, ist eine tolle Idee. Tahin-, Senf- und Miso-Reste eignen sich gut. Einfach die anderen Zutaten einfüllen und schütteln, bis die Reste aufgelöst sind.

TMK-DRESSING
(TAHIN-MISO-KURKUMA)

ERGIBT 350 ML

210 g Tahin

125 ml heißes Wasser

4 EL rote Miso-Paste (oder 8 EL weiße Miso-Paste)

1 EL fermentierte Kurkumapaste (Seite 220) oder 3 cm langes Stück Kurkuma, klein gehackt (oder 1 TL gemahlene Kurkuma)

Wenn Sie frische Kurkuma und frischen Knoblauch nehmen, einfach ganz in den Mixer geben.

1 EL fein gehackter Gut-für-den-Darm-Knoblauch (Seite 220) oder 2 Knoblauchzehen

4 EL Zitronensaft, Apfelessig oder fermentierte Salzlake

Alle Zutaten in einen Mixer füllen und schön glatt pürieren. Hält sich in einem luftdichten Gefäß im Kühlschrank bis zu einer Woche. Bei jeder Verwendung etwas Wasser hinzufügen und gut durchschütteln.

Tahin oder Erdnussbutter?

In diesem Buch verwende ich häufig Tahin, einmal weil viele allergisch gegen Erdnüsse sind, aber auch aus diesen Gründen:

* Tahin ist eine gute Quelle von Kalzium und hat einen höheren Proteingehalt als die meisten Nüsse.
* Es enthält viel Vitamin E und viele B-Vitamine (B_1, B_2, B_3, B_5 und B_{15}), die gesundes Zellwachstum und Zellfunktionen fördern.
* Es ist reich an Magnesium, Lecithin, Kalium und Eisen.
* Es ist auch eine gute Quelle von Methionin, das beim Entgiften der Leber hilft.
* Es ist aufgrund seines hohen Gehalts an basischen Mineralien leichter verdaulich als Erdnussbutter.
* Und es enthält viele gute (ungesättigte) Fette.

POWERHOUSE-DRESSING

ERGIBT ETWA 350 ML

Bei diesem Dressing entscheiden Sie das meiste selbst und kreieren den speziellen Geschmack Ihrer Familie oder Wohngemeinschaft.

75 ml gute Säure (Kombucha, Apfelessig, Zitronensaft oder übrige Salzlake vom Fermentieren)

Ich mache meins mit dem Bodensatz von Kombucha (was am Ende in der Flasche übrig bleibt).

250 ml Öl (Olive, Avocado oder Walnuss)

1 TL Meersalz

1 Knoblauchzehe, fein gehackt

1 EL fein gehackte zarte Kräuter wie Basilikum, Estragon oder Schnittlauch und/oder 1 TL Dijon-Senf, gemahlener Piment oder gemahlene Gewürznelken

Alle Zutaten in ein großes Glas füllen, fest verschließen und schütteln, bis alles gut vermischt ist. Hält sich im Kühlschrank ein bis drei Wochen.

Wenn Sie Salzlake oder Kombucha nehmen, hält es länger.

GRÜNE-GÖTTIN-DRESSING

ERGIBT ETWA 500 ML

Vom Grüne-Göttin-Dressing gibt es heute zahllose Varianten. Der Name geht auf ein in den 1920er-Jahren in San Francisco kreiertes Dressing zurück, eine Verneigung vor dem erfolgreichen Theaterstück gleichen Namens (und da dachte ich immer, es sei nur ein Instagram-Trend!). Meine Version ist cremig und voller guter Nährstoffe.

1 große Avocado oder 250 ml Mayo mit Molke (Seite 44)

1 große Handvoll Koriander mit Stiel (oder Petersilie, Schnittlauch oder Basilikum oder ein Mix)

1 große Handvoll zerkleinerte grüne Salatblätter

1 kleine Zucchini (oder 75 g vorgekochte und eingefrorene Zucchini; Seite 22)

2 Knoblauchzehen (vorzugsweise fermentiert; Seite 220)

3 EL Apfelessig oder Zitronensaft

je ¼ TL Meersalz und frisch gemahlener schwarzer Pfeffer

Alle Zutaten im Mixer oder mit dem Pürierstab in einer großen Schüssel pürieren. Falls erforderlich mit etwas Wasser verdünnen.

Mit Avocados hält sich das Dressing im Kühlschrank drei bis vier Tage oder in einem luftdichten Gefäß im Tiefkühlschrank vollständig püriert ein bis zwei Monate (mit Klumpen vereist es). Zur Verwendung einfach im Kühlschrank oder in einer Schüssel mit kaltem Wasser auftauen. Durchrühren, um alles wieder gut zu vermischen, und kalt servieren.

SO HÄLT ES LÄNGER

Wenn Sie keine Avocado, sondern Mayo mit Molke nehmen, hält es im Kühlschrank bis zu einem Monat.

1 PORTION GEMÜSE + OBST PRO PORTION

MISOMITE

ERGIBT ETWA 250 ML

Aufstrich ohne Hefe und Zucker, salzig und fermentiert aus nur zwei Zutaten!

1 Avocado

½–1 EL rotes Miso

Mit einer Gabel vermengen. Fertig. Hält sich im Kühlschrank 1–3 Tage. Als Dip oder Aufstrich verwenden.

Reste-Pesto.

ERGIBT ETWA 350 ML

Auf der Suche nach einer Möglichkeit zur Verwertung von Stielen und Blättern, die man normalerweise wegwirft, hatte ich die Idee, sie zu fermentieren. Also kontaktierte ich den Fermentations-Meister Sandor Katz. Er hatte es noch nie probiert, meinte aber, dass es funktionieren könne. Nun, mein Report von der Schimmelfront lautet: Das tut es! Grünkohlstrünke werden nach Aufspaltung durch ein wenig Milchsäure essbar, und die Verdauungsvorteile gibt es noch dazu. Und dann noch Folgendes: Ehrlich gesagt hab ich's satt, dass mein selbstgemachtes Pesto immer so schnell schlecht wird. Das Fermentieren erhöht seine Haltbarkeit von ein paar Tagen auf sechs Wochen. Bingo!

Petersilie-, Basilikum- und/oder Korianderblätter und -stiele; Sellerieblätter; Grünkohlstrünke (zuerst in kochendem Wasser zwei bis drei Minuten blanchieren); Karottengrün (zuerst in kochendem Wasser ein bis zwei Minuten blanchieren); Rote-Bete-Blätter; Brokkoli- oder Blumenkohlstrünke (erst blanchieren, wenn Sie mögen).

etwa 150 g übrig gebliebene Blätter oder Stiele, grob zerkleinert

70 g Cashewnüsse, Kürbiskerne oder Mandeln oder 50 g geriebener Parmesan

4 Knoblauchzehen, fein gehackt

125 ml Olivenöl extra vergine

1 EL Zitronensaft

½ TL Meersalz

2 EL selbst gemachte Molke (Seite 42), oder ¼ TL Salz, in 2–3 EL Wasser aufgelöst

Die Zeit hängt von der Temperatur in Ihrer Küche ab. Sobald kleine Blasen aufsteigen, in den Kühlschrank stellen. In Sydney geschieht das im Sommer schon über Nacht.

Alle Zutaten in der Küchenmaschine fein zerkleinern. In ein Glas füllen und mit dem Löffelrücken hinunterdrücken, sodass die Flüssigkeit nach oben steigt und die Zutaten bedeckt, aber noch 3 cm Platz bis zum Glasrand bleibt. Verschließen und ein bis drei Tage bei Raumtemperatur stehen lassen. Fermentiert hält sich das Pesto im Kühlschrank bis zu sechs Wochen.

UND UNFERMENTIERT

Wenn das Pesto schnell verbraucht werden soll, einfach die Molke weglassen und im Kühlschrank aufbewahren.

1 PORTION = 1 PORTION GEMÜSE + OBST

GLASUREN, TOPPINGS UND KONFITÜREN

Sie können in Eiswürfelbehältern eingefroren und dann nach Bedarf zum Dekorieren von Muffins und Kuchen aufgetaut werden.

FRISCHKÄSE-GLASUR

ERGIBT ETWA 375 G

250 g selbst gemachter Frischkäse (Seite 42)

1–2 EL Reissirup oder ½–1 TL Steviagranulat

abgeriebene Schale einer Zitrone (optional)

4 EL Kokoscreme oder ungesalzene Butter

Den Frischkäse mit dem Reissirup und der Zitronenschale (falls verwendet) in einem Mixer auf hoher Geschwindigkeit verrühren. Langsam die Kokoscreme oder die Butter hinzugeben, bis die Mischung schön dick ist. Eventuell mehr Kokoscreme oder Butter hinzufügen. Diese Glasur hält sich im Kühlschrank bis zu einem Monat.

½ TL ZUGESETZTER ZUCKER PRO PORTION

KOKOSGLASUR

ERGIBT ETWA 350 ML

400-ml-Dose Kokoscreme, verkehrt herum gekühlt

2 EL Reissirup oder ½–1 TL Steviagranulat

Die Dose richtig herum öffnen, ohne sie zu schütteln. Die oberste, flüssige Schicht abnehmen und für Smoothies oder andere Rezepte, bei denen Kokoswasser verwendet wird, einfrieren.

Geschirrspar-Trick

Den Rest feste Creme in der Dose lassen, Sirup oder Stevia hinzufügen und mit einem Stabmixer cremig aufschlagen. (Wenn Sie keinen Stabmixer haben, Creme zum Aufschlagen in einen Mixer umfüllen.)

SUPERSTEIFE KOKOSGLASUR

Wie oben, aber in einer Schüssel aufschlagen und vorm Hinzufügen des Süßungsmittels 3 EL Gelatinepulver in einem dünnen, ständigen Strahl einrieseln lassen. Weiter schlagen, bis sich weiche Spitzen bilden. Sofort verwenden oder im Kühlschrank aufbewahren und innerhalb von vier bis fünf Tagen verbrauchen.

½ TL ZUGESETZTER ZUCKER PRO PORTION

ROHE SCHOKOLADE

ERGIBT ETWA 325 ML

225 g Kokosöl, weich

40 g rohes Kakaopulver

1 EL Reissirup oder 1 TL Steviagranulat nach Geschmack

2 Prisen Meersalz

Alle Zutaten in einem Mixer glatt rühren (oder von Hand verrühren). Sofort für Rezepte verwenden oder in kleine Silikonförmchen oder in Eiswürfelbehälter füllen und tiefgekühlt bis zu drei Monaten aufbewahren.

Snack-Trick: einen Würfel als Schoko-Leckerei herausdrücken oder schmelzen und als Schokosauce auf z.B. Obst träufeln.

½ TL ZUGESETZTER ZUCKER PRO PORTION

ERDBEER-CHIA-MARMELADE

ERGIBT ETWA 300 ML

150 g entstielte Erdbeeren, frisch oder gefroren

2 EL Reissirup oder ½–1 TL Steviagranulat

3 EL Chiasamen

Alle Zutaten und 2 EL Wasser in einem Topf mit einem Stabmixer verrühren (oder zuerst in einem Mixer pürieren). Im Topf bei mittlerer Temperatur erhitzen, bis die Mischung zu blubbern beginnt. Temperatur reduzieren und ständig rühren, bis die Konfitüre eingedickt ist (etwa drei bis fünf Minuten). In einem luftdichten Gefäß im Kühlschrank eine Woche haltbar, oder in einem Eiswürfelbehälter einfrieren und die Würfel in einem Gefäß im Tiefkühlschrank bis zu drei Monaten aufbewahren.

HIMBEER-CHIA-MARMELADE
Ähm, anstatt der Erdbeeren Himbeeren nehmen!

½ TL ZUGESETZTER ZUCKER PRO PORTION

FRÜHSTÜCK

UND SCHNELLER LUNCH

Ihr Frühstück MUSS NICHT…
…immer aus Müsli oder Brötchen bestehen!
PS Ich versuche in meiner ersten Mahlzeit am Tag zwei bis drei Portionen Gemüse unterzubringen.

»PIZZA«-MUFFINS IM BECHER

ERGIBT 2 BECHER

Kids mögen's von Natur aus lecker-einfach. Sie haben eine absolut praktische, unkomplizierte, intuitive Herangehensweise. Die Zutaten in diesen Mini-Muffins im Becher sollen Ihnen nur ein paar Ideen geben – verwenden Sie Ihre Reste und was Sie gerade dahaben.

Olivenöl, Kokosöl oder Butter zum Einfetten

ein bisschen rot: Cherrytomaten, halbiert; gewürfelte rote Paprikaschoten

ein bisschen grün: vorgekochter und tiefgefrorener Brokkoli (Seite 24) oder kleine Röschen von frischem Brokkoli

etwas Süßes: tiefgefrorene Erbsen, 1–2 Würfel gefrorenes Kürbis- oder Süßkartoffelpüree

etwas Pizzageschmack: 1–2 Oliven, entsteint und klein geschnitten

etwas Fleisch: Bacon-Stücke (Seite 40) oder klein gezupftes Hühnerfleisch

2 Eier

geriebener Käse oder zerkrümelter Feta

Die Innenseite zweier Becher mit etwas Olivenöl oder Butter bestreichen. Die Becher den Kids geben, die sie zur Hälfte mit den von ihnen ausgesuchten Zutaten füllen. Die Becher zudecken (ich nehme eine Untertasse oder einen kleinen Teller) und in der Mikrowelle etwa 45 Sekunden erhitzen.

Nun die Kids ein Ei in ihren Becher aufschlagen und den Käse darüberstreuen lassen. Dann können sie alles mit einer Gabel durchrühren. Noch einmal 30–60 Sekunden in der Mikrowelle erhitzen.

OHNE MIKROWELLE
Die Kids können alle Zutaten in ein feuerfestes Förmchen füllen, ein Ei darüber aufschlagen und Käse darüberstreuen. Im vorgeheizten Backofen 15 Minuten bei 180 °C backen.

FÜR DIE LUNCHBOX
Die Muffins in einem Mikrowellenbehälter zubereiten, und wenn sie abgekühlt sind, den Deckel aufsetzen.

½ PORTION GEMÜSE + OBST PRO PORTION

MIA.
Isaac

WÜRZIGER ZUCCHINI-KÜRBIS-KUCHEN AUS DEM SCHONGARER

FÜR 6 PERSONEN

Wenn Sie einen Schongarer mit Timer haben, bereiten Sie alles so vor, dass Sie beim Aufstehen mit einem warmen Duft nach Zimt begrüßt werden. Man kann den Kuchen auch im Voraus zubereiten und in Portionen aufgeteilt im Büro in der Mikrowelle aufwärmen und mit einem großen Klecks Joghurt servieren.

Kokosöl, Butter oder Ghee zum Einfetten

115 g weiche Butter

4 EL Reissirup

2 Eier

250 ml Kürbis- oder Süßkartoffelpüree (Seite 25) oder 400 g roher Kürbis oder rohe Süßkartoffeln, gerieben

250 g geriebene Zucchini

3 EL Milch (jede Art)

2 TL Vanilleextrakt (oder selbst gemacht; Seite 41)

200 g Mandelmehl

125 g Mehl (nach Wunsch auch glutenfrei)

1 TL Natron

1 TL Meersalz

2½ TL Kürbis-Gewürzmischung (Seite 41) oder 2 TL gemahlener Zimt und ½ TL gemahlene Muskatnuss

4 EL Chiasamen

55 g Pekannüsse, leicht geröstet und grob gehackt

Den Innenbehälter des Schongarers leicht mit Kokosöl, Butter oder Ghee einfetten und so mit Backpapier auslegen, dass dieses an den Innenseiten ziemlich weit nach oben reicht.

Butter und Reissirup zusammen in einer großen Schüssel mit einem Pürierstab verrühren. Eier eins nach dem anderen hinzugeben und nach jedem Ei alles verrühren. Mit niedriger Geschwindigkeit Kürbis oder Süßkartoffel, Zucchini, Milch und Vanilleextrakt einrühren. Mit einem Holzlöffel das Mandelmehl, Mehl, Natron, Salz, die Gewürze und die Chiasamen unterheben, bis alles gut vermischt ist.

Den Teig in den Schongarer füllen und mit den Pekannüssen bestreuen. Zudecken und auf niedriger Stufe vier bis fünf Stunden oder auf hoher Stufe zwei bis drei Stunden backen. Zum Überprüfen, ob der Kuchen durchgebacken ist, einen Holzstab in die Mitte stecken – es sollte kein Teig mehr anhaften. Sonst noch kurz auf hoher Stufe ohne Deckel weiterbacken.

2 TL ZUGESETZTER ZUCKER PRO PORTION

!! (Natürlich können Sie weniger Süßungsmittel nehmen – so wie ich!)

1 PORTION GEMÜSE + OBST PRO PORTION

PILZ-THYMIAN-HASELNUSS-PORRIDGE

FÜR 2 PERSONEN

Herzhaftes Porridge. Wirklich wahr. Und wahrscheinlich wird es Ihr Leben verändern.

1 TL Butter oder Olivenöl

1 kleine Zwiebel, gehackt

65 g Champignons in Scheiben

1 TL getrockneter Thymian oder 1 EL frische Thymianblättchen und etwas mehr zum Servieren

100 g Vollkornhaferflocken oder
135 g gekochte Quinoa (Seite 28) oder
170 g gekochter Buchweizen (Seite 29)

180 ml selbst gemachte Brühe (eine Gemüse-Version; Seite 39),

vermischt mit 125 ml Wasser

50 g Ziegenkäse Feta-Stil

4 EL Haselnüsse, geröstet und klein gehackt

Die Zwiebel in Butter oder Olivenöl bei mittlerer Temperatur in einem Topf glasig anschwitzen (etwa drei Minuten). Pilze und Thymian hinzufügen und weich garen. Das gewählte »Getreide«, Brühe und Wasser dazugeben, bei Haferflocken noch 300 ml Wasser extra auffüllen. Umrühren und sechs bis acht Minuten kochen, bis die Flüssigkeit ganz aufgenommen ist. Vom Herd ziehen und die Hälfte des Käses und der Nüsse unterrühren.

Porridge auf zwei Schüsseln aufteilen, übrigen Käse, Nüsse und Thymian darüberstreuen und servieren.

2 PORTIONEN GEMÜSE + OBST PRO PORTION

Übliches Bananenbrot
enthält oft 11 Teelöffel
Zucker in einer Scheibe!!
Yep. Ist so.

NICHT GANZ BANANENBROT

FÜR 12 SCHEIBEN

Dieser Bananen-Täuschungstrick ist toll, wenn man Fruktose reduzieren und sein Frühstück mit Nährwerten anreichern möchte. Das Brot schmeckt pur, aber noch besser mit einem Spritzer Kokosöl (oder Butter, wenn Sie Milchprodukte vertragen) unter dem Grill, in einem Sandwichtoaster oder in der Pfanne geröstet.

Etwas Geschichte
Im Zweiten Weltkrieg waren Bananen in Australien knapp, daher verwendeten Hausfrauen in dieser Zeit Pastinaken – gekocht und mit Gewürzen zerquetscht – als Pseudo-Bananen. Ha!

2 große, sehr reife Bananen

150 g geriebene Pastinaken

4 Eier

75 g Kokosöl

3 EL (oder 1–2 gefrorene Würfel) Kokosmilch

2 TL Kürbis-Gewürzmischung (Seite 41) oder 1½ TL gemahlener Zimt und ½ TL gemahlene Muskatnuss

½ TL gemahlener Kardamom

1 TL Vanilleextrakt (oder selbst gemachter; Seite 41)

3 EL Chiasamen, 10 Minuten in 250 ml Wasser eingeweicht

55 g Kokosmehl, gesiebt

4 EL Buchweizen- oder Quinoamehl, gesiebt

1 ½ TL Backpulver

1 Prise Meersalz

FÜR DIE GARNIERUNG (OPTIONAL)

1 kleine, dünne Pastinake, längs halbiert

Aktivierter Buchweizen (Seite 29) oder Kokoschips

Den Backofen auf 180 °C vorheizen. Eine 23 × 13 cm große Brotform einfetten und mit Backpapier auslegen.

Bananen, geriebene Pastinaken, Eier, Kokosöl, Kokosmilch, Gewürze und Vanilleextrakt in der Küchenmaschine glatt pürieren. Den Chiasamen-Brei hinzufügen und kurz unterrühren, bis alles gut vermischt ist. Die Mischung in eine große Schüssel umfüllen und Mehle, Backpulver und Salz gleichmäßig unterheben. In die vorbereitete Form füllen und mit der gewünschten Garnierung belegen. Etwa eine Stunde im Ofen lassen, bis das Brot durchgebacken ist – ein in die Mitte eingestecktes Stäbchen sollte sauber wieder herauskommen. Am besten nach 45 Minuten überprüfen, und wenn die Oberfläche zu schnell bräunt, mit Folie abdecken.

Das Brot fünf Minuten in der Form stehen lassen und dann zum Auskühlen auf ein Drahtgitter stellen. In Scheiben schneiden und servieren.

Das ausgekühlte Brot hält sich im Kühlschrank bis zu fünf Tagen, im Tiefkühlschrank (zum Einfrieren Backpapier zwischen die Scheiben legen) bis zu drei Monaten.

BLAUBEER-BANANEN-BROT (BBB)
Den Chiasamen-Brei mit 4 Extra-EL Chiasamen ergänzen und 115 g Blaubeeren unter die Hauptmischung heben.

DREI SMOOTHIE-BOWLS: irgendetwas zwischen Smoothie, Suppe und Porridge.

1. GRÜNER-APFEL-SMOOTHIE-BOWL
HIER MIT NUSSSTREUSELN

2. ROTE KNUSPER-BOWL
MIT EINEM KLECKS JOGHURT UND EINER HANDVOLL KAKAONIBS

3. SCHOKO-PROTEIN-BOWL
MIT FRISCHEN BEEREN UND AKTIVIERTEM BUCHWEIZEN

Rezepte auf der nächsten Seite →

1. GRÜNER-APFEL-SMOOTHIE-BOWL

2 PORTIONEN

1 grüner Apfel, grob zerkleinert

350 ml vollfette Kokosmilch

75 g Babyspinat

4 EL Vanille-Proteinpulver (optional)

3 TL Kürbis-Gewürzmischung (Seite 41) oder 2¼ TL gemahlener Zimt und ¾ TL gemahlene Muskatnuss

3 EL Nussbutter (jede Sorte; Mandelmus ist sehr gut)

125 ml Eiswürfel

Mandelstreusel (siehe unten) zum Servieren

1½ PORTIONEN GEMÜSE + OBST PRO PORTION

MANDEL-STREUSEL

4 EL grob gehackte aktivierte Mandeln (Seite 30)

2 EL Kokosraspeln

1 TL Reissirup

2 TL Kokosöl, geschmolzen

Alles in einer kleinen Schüssel vermengen, auf einem mit Backpapier ausgelegten Backblech ausbreiten und 5 Minuten bei 180 °C goldbraun backen. Sie können gleich mehr zubereiten und den Rest in einem luftdichten Behälter zwei Wochen im Kühlschrank aufbewahren.

½ TL ZUGESETZTER ZUCKER PRO PORTION

2. ROTE KNUSPER-BOWL

2 PORTIONEN

1 gefrorene oder frische Banane

150 g gekochte und tiefgefrorene Rote Bete (Seite 25) oder 2 kleine Rote-Bete-Knollen, geputzt, gebürstet und geraspelt

250 ml ungesüßte Mandelmilch (oder auch Kuhmilch)

75 g gefrorene Himbeeren

4 EL rohes Kakaopulver

170 g aktivierter Buchweizen (Seite 29) oder Kokoschips

geschlagene Kokosglasur (Seite 50) oder vollfetter Bio-Naturjoghurt zum Servieren

rohe Kakaonibs zum Servieren

Banane, Rote Bete, Milch, Himbeeren und Kakaopulver im Mixer zu einer glatten Masse pürieren. Buchweizen in den Mixer geben und verrühren (oder bei Kokoschips kurz pürieren). In zwei Schüsseln gießen. Mit einem Klecks Kokosglasur oder Joghurt und Kakaonibs servieren.

2 PORTIONEN GEMÜSE + OBST PRO PORTION

GESCHMACKSVARIANTE
Anstatt der Kakaonibs ein paar Basilikum- und Minzeblättchen darüberstreuen.

3. SCHOKO-PROTEIN-BOWL

2 PORTIONEN

125 ml Kokoscreme oder vollfetter Bio-Naturjoghurt

4 EL Vanille-Proteinpulver

1 gefrorene oder frische Banane

350 ml ungesüßte Mandelmilch (oder beliebige andere Milch)

4 EL rohes Kakaopulver

4 EL gehackte aktivierte Mandeln (Seite 30) oder Mandelmehl

80 g Buchweizen oder Vollkornhaferflocken (oder eine Mischung)

Aktivierter Buchweizen (Seite 29), Beeren, Nüsse, Kokoschips oder rohe Kakaonibs zum Servieren

Alle Zutaten bis auf den Buchweizen und/oder die Haferflocken in einem Mixer zu einer glatten Masse pürieren. Buchweizen und/oder Haferflocken hinzugeben, verrühren und in zwei Schüsseln füllen. Zudecken und über Nacht in den Kühlschrank stellen.

Am nächsten Morgen die gewählten Toppings darüberstreuen und servieren.

1 PORTION GEMÜSE + OBST PRO PORTION

GESALZENER KARAMELL-KARDAMOM-KAFFEE

FÜR DIEJENIGEN, DIE EIGENTLICH KEINEN KAFFEE TRINKEN SOLLTEN

1 PORTION

Dies ist ein Rezept für Leute, die weniger Kaffee trinken möchten oder die Kaffee lieben, aber den Adrenalinkick nicht wollen. Und wieso? Weil das Kokosöl die Wirkung des Koffeins sanfter macht und verlängert und Kardamom einer zu stark stimulierenden Wirkung die Spitze nimmt.

2 Kardamomkapseln, zerdrückt

1 Portion gemahlener Kaffee

1 EL Kokosöl

1 Prise Salz

¼ TL Vanilleextrakt
(oder der selbst gemachte; Seite 41)
oder 1 Prise reines Vanillepulver

1 Prise Steviagranulat

Kardamom und gemahlenen Kaffee in den Kaffeebereiter, den Filter oder den Espressokocher geben und eine Tasse Kaffee zubereiten.

Alle Zutaten im Mixer verrühren, bis sie gut vermischt und schaumig sind. (Oder mit einem Stabmixer im Becher verschlagen.)

Ich habe eine Freundin, die eine Streudose mit gemahlenem Kardamom mit in Cafés nimmt und am Tisch davon etwas in ihren Kaffee streut.

DREI HERZHAFTE JOGHURTS

yep, gibt's wirklich!

Zu dieser Idee – Joghurt mit herzhaften Toppings als Mahlzeit – wurde ich in New York im Chelsea Market inspiriert.

1. DER ECHTE GRIECHISCHE JOGHURT

2 PORTIONEN

300 g griechischer vollfetter Bio-Naturjoghurt

8 Cherrytomaten, halbiert

1 kleine Gurke, in Würfel geschnitten

8 entsteinte Kalamata-Oliven, halbiert

¼ rote Zwiebel, in dünne Scheiben geschnitten

1 kleine Handvoll Basilikum- und/oder Minzeblättchen

3 EL Pinienkerne, leicht geröstet

3 EL Olivenöl extra vergine

1 EL Zitronensaft

Meersalz und frisch gemahlener schwarzer Pfeffer

Joghurt auf zwei Gefäße aufteilen und darauf je die Hälfte der Tomaten, der Gurke, der Oliven, der Zwiebel, der Kräuter und Pinienkerne verteilen. Olivenöl und Zitronensaft darüberträufeln. Nach Geschmack würzen.

1 PORTION GEMÜSE + OBST PRO PORTION

2. WALDORF-MISCHUNG

2 PORTIONEN

- 300 g griechischer vollfetter Bio-Naturjoghurt
- 1 Selleriestange, sehr klein geschnitten
- 80 g alter Cheddar, zerkrümelt
- 4 EL Walnüsse, gehackt und geröstet
- ½ Birne, in dünne Scheiben geschnitten
- Meersalz und frisch gemahlener schwarzer Pfeffer

Joghurt auf zwei Gefäße aufteilen und jeweils die Hälfte des Selleries, des Cheddar, der Walnüsse und der Birne darauf verteilen. Nach Geschmack würzen.

Käse und Joghurt zu kombinieren mag merkwürdig erscheinen. Aber Rote Bete auf einem Burger auch. Versuchen Sie's einfach! Sie werden es mögen.

3. UMAMI-KICK

2 PORTIONEN

- 300 g griechischer vollfetter Bio-Naturjoghurt
- 1 kleine Handvoll Brunnenkresse (oder Rucola oder Basilikumblätter)
- 1 Avocado, in Würfel geschnitten
- 8 Cherrytomaten, halbiert
- 2 Streifen Bacon, klein geschnitten und gebraten (oder 2 EL Bacon-Stücke; Seite 40)
- 2 EL Olivenöl extra vergine
- Meersalz und frisch gemahlener schwarzer Pfeffer

Joghurt auf zwei Gefäße aufteilen und jeweils die Hälfte der Blätter, der Avocado, der Tomaten und des Schinkens darauf verteilen. Das Olivenöl darüberträufeln und nach Geschmack würzen.

3 PORTIONEN GEMÜSE + OBST PRO PORTION

VIER-(oder weniger)ZUTATEN-TOASTS: Wenn Sie schon Toast essen, sollten Sie etwas Ordentliches draufpacken.

Schichten Sie Ihre Zutaten zwischen zwei Scheiben Toast (Brotrezepte Seiten 81/82), streichen Sie etwas Butter auf das Äußere und toasten Sie Ihr Sandwich in einem Sandwichtoaster, unter dem Grill oder in einer Pfanne.

BUTTER, WALNUSS UND SAUERKRAUT

* Butter
* gehackte Walnüsse
* Sauerkraut, abgetropft

Noch besser mit Tahin

ROTE-BETE-ZIEGENKÄSE

* gekochte und gefrorene Rote Bete (Seite 25), aufgetaut und in Scheiben geschnitten
* zerkrümelter Ziegenkäse oder in Scheiben geschnittener Brie
* Brunnenkresse, Basilikum oder Spinat

1 PORTION GEMÜSE + OBST PRO PORTION

KIMCHI-KÄSE

* mein indisches Kimchi (Seite 218) oder Sauerkraut, abgetropft
* in Scheiben geschnittener Gruyère oder Emmentaler
* Apfel oder Birne, dünn geschnitten

½ PORTION GEMÜSE + OBST PRO PORTION

GRÜNE GÖTTIN

- Reste-Pesto (Seite 49) oder Grüne-Göttin-Dressing (Seite 48)
- Avocado, in Scheiben geschnitten
- Cheddar, Emmentaler oder Mozzarella, in Scheiben geschnitten
- Spinat oder Brunnenkresse

1 PORTION GEMÜSE + OBST PRO PORTION

BROKKOLI-KÄSE

- gedünsteter oder gerösteter Brokkoli, klein geschnitten
- Cheddar, in Scheiben
- Algen-Dukkah (Seite 41) oder ein Klecks Senf

1 PORTION GEMÜSE + OBST PRO PORTION

BLAUBEEREN, BASILIKUM UND MOZZARELLA

- tiefgefrorene Blaubeeren, aufgetaut
- Mozzarella oder Feta in Scheiben
- Basilikum (oder Brunnenkresse oder Babyspinat)

½ PORTION GEMÜSE + OBST PRO PORTION

DER NEUE GRÜNE „ZMOOTHIE“

Grüne Smoothies sind der neue Starbucks-Coffee-To-Go – ein trendiges Accessoire, zusammen mit der über die Schulter gehängten Yoga-Matte. Gähnend langweilige Instagram-Klischees beiseite, habe ich ein paar Probleme damit: Sie können ganz schön teuer sein, sind nicht besonders nachhaltig (ähm, Kokosnüsse um den Globus fliegen?), zu komplex und kalt. Aber keine Sorge, ich habe ein paar einfache Veränderungen vorgenommen, als Erstes mit meinem Lieblingsgemüse, der Zucchini, anstelle der weniger nahrhaften Gurke, der teureren Avocado und der zu süßen Banane. Pürieren Sie also ruhig weiter …

Die Zucchini ist cremiger und hat eine 200–300 % höhere Nährstoffdichte als die Gurke.

Smoothies oder Säfte?

Es hat gesundheitliche Vorteile, das Frühstück oder Mittagessen zu verflüssigen. Sie können eine Menge Gemüse aufnehmen und gönnen Ihrer Verdauung eine kleine Pause. Aber Gemüse und Obst zu pürieren, anstatt es zu entsaften, ist sehr viel besser. Dadurch bleiben Faserstoffe und die Nährstoffe der Schale erhalten, wodurch der Körper den enthaltenen Zucker besser verarbeiten kann. Oh, und es vermeidet Verschwendung.

SCHOKOLADE-KIRSCH-SMOOTHIE

2 PORTIONEN

115 g gefrorene entsteinte Kirschen (oder beliebige gefrorene Beeren)

150 g geriebene oder klein geschnittene frische oder gefrorene Zucchini

2 Handvoll Babyspinatblätter (oder einfach noch mehr Zucchini)

4 EL rohes Kakaopulver

3 EL Vanille-Proteinpulver oder 1 EL Chiasamen und eine Prise Steviapulver (optional)

250 ml Milch (beliebige Art)

Alle Zutaten mit 125 ml Wasser in den Mixer füllen und glatt pürieren. Wenn nötig, etwas mehr Wasser hinzufügen.

1½ PORTIONEN GEMÜSE + OBST PRO PORTION

ZUCCHINI-BROT-SMOOTHIE

2 PORTIONEN

Hier kommt der Dicke: ein Smoothie als volle Mahlzeit. Er hält Sie bis zum späten Mittagessen satt.

300 g geriebene oder klein geschnittene frische oder gefrorene Zucchini

½ gefrorene Banane (oder extra Zucchini und eine große Prise Steviapulver)

250 ml Milch (beliebige Sorte)

70 g gekochte Quinoa (Seite 28) oder 50 g Vollkornhaferflocken (roh, eingeweicht oder gekocht)

3 EL Nussbutter (am besten ist Mandel- oder Pekannussbutter)

1 EL Chiasamen

1 TL Kürbis-Gewürzmischung (Seite 41) oder ¾ TL gemahlener Zimt und ¼ TL gemahlene Muskatnuss

Alle Zutaten mit 125 ml Wasser in den Mixer füllen und glatt pürieren. Wenn nötig etwas mehr Wasser hinzufügen.

2 PORTIONEN GEMÜSE + OBST PRO PORTION

SMOOTHIE FÜR EINEN GESUNDEN DARM

2 PORTIONEN

Als ich im Goodbye-Zucker-Büro von einem Smoothie mit Brühe erzählte, hielten mich alle für verrückt. Aber dann probierten sie ihn! Er ist auch ein schönes Mittagessen oder eine leichte Abendmahlzeit.

150–300 g geriebene oder klein geschnittene frische oder gefrorene Zucchini

75 g tiefgefrorene Erbsen

½ Avocado

500 ml selbst gemachte Brühe (Seite 38, am besten ist Hühner- oder Rinderbrühe)

Saft von 1 Zitrone

1 Zehe Gut-für-den-Darm-Knoblauch (Seite 220), fein gehackt

Meersalz und frisch gemahlener schwarzer Pfeffer

1 TL fermentierte Kurkumapaste (Seite 220)

100 g Brunnenkresse (optional)

vollfetter Bio-Naturjoghurt (optional)

Alle Zutaten in den Mixer füllen und glatt pürieren. Eventuell extra Brühe oder Wasser für die gewünschte Konsistenz hinzufügen. Servieren Sie diesen Smoothie nicht *zu* kalt, Warmes wirkt beruhigender. Sie können ihn auch etwas anwärmen und nach Belieben mit etwas Joghurt servieren.

3 PORTIONEN GEMÜSE + OBST PRO PORTION

Smoothie-Beutel
Die Zutaten zusammen in einem Beutel einfrieren, so können Sie jederzeit rasch ein Smoothie mixen.

EINFACH LECKERE SNACKS

Originelles zum Lunch...

... und Leckeres für die Couch, was richtig gute Laune macht.

HUHN-SÜSSKARTOFFEL-MUFFINS

FÜR 8 MUFFINS

Muffins zum Sattwerden. Essen Sie zwei zum Mittag. Aus den Resten eines Brathuhn-Dinners – super sparsam.

2 EL Kokosöl, Olivenöl, Butter oder Ghee und etwas zum Einfetten

1 kleine Zwiebel, gehackt

500 g Hühnerhackfleisch

2 Eier

350 ml Süßkartoffelpüree (Seite 25)

115 g tiefgefrorene Erbsen, aufgetaut

3 Zweige Thymian, Blättchen gehackt

1 Zweig Rosmarin, Blättchen gehackt

Saft von ½ Zitrone

1 Knoblauchzehe, fein gehackt

Meersalz und frisch gemahlener schwarzer Pfeffer

Den Backofen auf 180 °C vorheizen und eine 8er-Muffinform einfetten.

Öl, Butter oder Ghee bei mittlerer Temperatur in einer Pfanne erhitzen und die Zwiebel etwa drei Minuten weich dünsten. Zwiebel in eine Schüssel füllen und Hackfleisch, Eier, 240 ml des Süßkartoffelpürees, 75 g der Erbsen, die Hälfte der Thymian- und Rosmarinblättchen, Zitronensaft und Knoblauch hinzufügen und mit einer kräftigen Prise Salz und Pfeffer würzen. Alles mit den Händen gut verkneten, in acht gleich große Portionen teilen und fest in die Förmchen des Muffinblechs drücken. Etwa 25 Minuten backen, bis das Fleisch durchgegart und die Oberfläche leicht gebräunt ist. Aus dem Backofen nehmen und vor dem Servieren abkühlen lassen.

Zum Servieren auf jeden Muffin 1 EL Süßkartoffelpüree geben und mit den restlichen Erbsen und Thymianblättchen bestreuen. Die Muffins halten sich im Kühlschrank zwei bis drei Tage, ohne Garnitur eingefroren zwei bis drei Monate

½ PORTION GEMÜSE + OBST PRO PORTION

BLUMENKOHL-POPCORN

ERGIBT ETWA 750 G

50 g Kokosöl, geschmolzen

½ TL Paprikapulver (geräuchert oder süß) oder gemahlene Kurkuma

¼ TL gemahlener Zimt

1 TL Meersalz

1 großer Kopf Blumenkohl, in mundgerechte Röschen geschnitten

Den Backofen auf 200 °C vorheizen. Öl, Gewürze und Salz in einer großen Schüssel verrühren, und die Blumenkohlröschen darin wenden, bis sie gut bedeckt sind. Die Röschen auf einem Backblech verteilen und etwa 30 Minuten backen, bis sie goldbraun sind. Nach der Hälfte der Zeit wenden.

KÄSE-BLUMENKOHL-POPCORN
Zu der Würzmischung 3 EL Nährhefepulver oder geriebenen Parmesankäse hinzufügen und den Zimt weglassen.

1 PORTION GEMÜSE + OBST PRO PORTION

BACON-GRANOLA

Bitte peppen Sie Ihr Kokos-Granola auf!!

O.K.

ERGIBT 425 G

Genau 23 Leser meines ersten Buches »Goodbye Zucker« haben mich gebeten, mein ursprüngliches Granola-Rezept aus diesem Buch aufzupeppen. In meinem zweiten Buch gibt es ein schokoladiges Nuss-Kokos-Granola. Aber diese Speckversion hier halte ich für die schmackhafteste und vielseitigste. Streuen Sie das Granola über Suppen oder Joghurt oder essen Sie es als Studentenfutter-Alternative.

10 Scheiben Bacon, ohne Schwarte (das Fett bleibt dran)

175 g Kokoschips

250 g Nuss- oder Samenmischung (was Sie dahaben – Mandeln, Cashew- oder Pekannüsse, Walnüsse, Kürbiskerne), möglichst aktiviert (Seite 30) und grob gehackt

3 EL Chiasamen

2 EL Kürbis-Gewürzmischung (Seite 41) oder 1½ EL gemahlener Zimt und 2 TL gemahlene Muskatnuss

4 EL Reissirup (optional)

Ich süße meins gar nicht.

Den Backofen auf 120 °C vorheizen und ein Backblech mit Backpapier auslegen.

Den Speck in eine große Pfanne mit schwerem Boden legen, und gerade so viel Wasser hinzufügen, dass der Boden der Pfanne bedeckt ist. Bei mittelhoher Temperatur kochen, bis das Wasser verdampft ist. Auf mittlere Temperatur zurückschalten, und etwa zehn Minuten braten, bis der Speck kross ist – er braucht nicht gewendet zu werden. Speck herausheben und in ein Abtropfsieb über die Pfanne legen, damit alles Fett abfließen kann. Nach dem Erkalten den Speck in Stücke brechen und das Fett aufbewahren.

Die anderen Zutaten in einer großen Schüssel vermengen. Speckstücke hinzufügen und 4 EL des Fetts unterrühren (wenn nicht genug da ist, mit Kokosöl ergänzen). Die Mischung auf dem Backblech verteilen und 20–25 Minuten goldbraun backen, nach zehn Minuten einmal wenden.

Eventuell übriges Fett in einem verschlossenen Glas im Kühlschrank aufbewahren und als Bratfett verwenden. Es hält sich bis zu einem Monat.

SO GEHT ES SCHNELLER

Anstatt des Speckfetts 50 g Kokosöl nehmen und in den letzten fünf Minuten im Backofen 5 EL tiefgefrorene Speckstücke (Seite 40) hinzufügen.

GRANOLA
BAC ON

100% allergiefreies Brot
Innen-nach-außen-Kitcheri-Brot
Brot mit gebackener Füllung

Seite 203

MEIN ALLERGIEFREIES BROT

ERGIBT 1 BROT

Dieses Brot ist für Menschen mit fast allen Ernährungsbesonderheiten geeignet (für Leute mit Fruktose-Malabsorptionssyndrom, Paleos, Veganer, Laktose- oder Glutenintolerante, Nussallergiker und alles dazwischen oder darüber hinaus).

250 g Buchweizen

4 EL Chiasamen

1½ TL glutenfreies Backpulver

150 g geriebene Süßkartoffel

50 g Kokosöl

1 Zwiebel, gehackt (bei Fruktose-Malabsorptionssyndrom nehmen Sie 2 EL gehackten Schnittlauch oder das Grün von Frühlingszwiebeln und fügen noch 75 g Süßkartoffeln hinzu)

1 TL Meersalz

4 EL Sonnenblumenkerne

Den Buchweizen gut spülen. In eine große Schüssel oder ein großes Glas füllen, gut mit Wasser bedecken und mindestens vier Stunden weichen lassen (über Nacht ist besser).

Den Backofen auf 160 °C vorheizen und eine 23 cm x 13 cm große Backform mit Backpapier auslegen.

Die Chiasamen zusammen mit 250 ml Wasser in ein Schraubglas füllen. Glas zuschrauben und alle paar Minuten schütteln, bis sich eine gelartige Masse bildet (nach etwa zehn Minuten).

Den Buchweizen abseihen – vielleicht ist er jetzt etwas schleimig, also gut spülen. Alles Wasser abtropfen lassen.

Gespülten Buchweizen, Chiamasse, Backpulver, Süßkartoffel, Kokosöl, Zwiebel und Salz in der Küchenmaschine oder einem leistungsstarken Mixer zu einer dicken Paste verarbeiten. In die vorbereitete Form füllen und mit den Sonnenblumenkernen bestreuen.

Das Brot auf der mittleren Schiene des Backofens eine Stunde backen. Etwas abkühlen lassen, dann aus der Form nehmen und völlig erkalten lassen, bevor man es in 1 cm dicke Scheiben schneidet. Pur oder mit Kokosöl (oder Butter oder Olivenöl, je nach Ernährungsart) bestrichen servieren.

Das Brot hält sich im Kühlschrank vier bis fünf Tage. Zum Einfrieren in etwas dickere Scheiben schneiden (1,5 cm) und diese mit Backpapier trennen. Aufgetaut und getoastet schmeckt es sehr lecker.

GEKEIMTES INNEN-NACH-AUSSEN-KITCHERI-BROT

ERGIBT 1 BROT

Dieses Brot tut dem Darm gut und ist wunderbar ausbalanciert, um die ayurvedischen Doshas im Gleichgewicht zu halten. Ich habe auch die Bohnen keimen lassen, um die Phytinsäure zu reduzieren, damit das Brot noch sanfter für den Darm wird. Nicht schlimm, wenn Sie die Zeit dafür nicht haben, allerdings bekommt das Brot dadurch auch mehr Textur. Warum ist hier das Außen innen? Nun, ich habe mein Standard-Kitcheri-Rezept (aus meinem zweiten Buch), dazu die Serviervorschläge (das Ei und den Koriander) und die Süßkartoffelvariation alle zusammen ins Innere des Brotes gepackt, um eine ganze Mahlzeit daraus zu machen.

Siehe meine Notiz auf Seite 25 zu den Vorteilen des Verzehrs von resistenter Stärke. →

1 EL Ghee oder Kokosöl und etwas mehr zum Servieren (optional)

1 kleine rote Zwiebel, fein gehackt

je 1 TL schwarze Senf-, Kreuzkümmel- und Fenchelsamen

je 1 TL gemahlener Koriander und Kurkumapulver

2 EL geriebener Ingwer

150 g gekeimte Mungbohnen oder braune Linsen (Seite 228)

135 g gekochter Basmati-Reis

150 g geriebene Süßkartoffel

125 g Pfeilwurzelpulver

1 TL Backpulver

1 TL Meersalz

3 Eier

4 EL gemahlene Chiasamen

Kokoschips zum Garnieren

selbst gemachter Frischkäse (Seite 42) zum Servieren

Den Backofen auf 180 °C vorheizen. Eine 23 cm × 13 cm große Brotform einfetten und mit Backpapier auslegen.

Ghee oder Kokosöl in einer kleinen Pfanne bei mittelhoher Temperatur schmelzen und Zwiebel darin ein bis zwei Minuten anschwitzen. Senf-, Kreuzkümmel- und Fenchelsamen, Gewürze und Ingwer hinzugeben und ein bis zwei Minuten mit anbraten, bis die Senfsamen zu springen beginnen und die Zwiebel glasig ist. Beiseitestellen und abkühlen lassen.

Zwiebelmischung mit den gekeimten Bohnen oder Linsen, Reis, Süßkartoffel, Pfeilwurzelpulver, Backpulver, Salz, Eiern und Chiasamen in einer Küchenmaschine gut vermengen. Teig in die vorbereitete Form füllen und die Oberfläche glattstreichen. Mit Kokoschips bestreuen. Etwa eine Stunde backen, bis ein in die Mitte eingestecktes Holzstäbchen sauber wieder herauskommt. Das Brot fünf Minuten ruhen lassen und dann auf einem Drahtgitter völlig auskühlen lassen. In dicke Scheiben geschnitten in einem Behälter (oder in Folie gewickelt) im Kühlschrank aufbewahren. So hält es sich fünf Tage, im Tiefkühlfach einen Monat.

Das Kitcheri-Brot warm und mit Frischkäse, Kokosöl oder Butter bestrichen servieren.

½ PORTION GEMÜSE + OBST PRO PORTION

KAROTTEN-»BACON«

Schön als vegane Alternative zur Super Bowl (Seiten 86–95) und anderem.

Karotten – so viel Sie entbehren können

Kokosöl

süßes Paprikapulver zum Servieren

Meersalz zum Servieren

Den Backofen auf 180 °C vorheizen und ein Backblech mit Backpapier auslegen. Mit einem Gemüseschäler oder einer auf 2 mm Stärke eingestellten Mandoline jede Karotte längs in lange, gleichmäßige Streifen schneiden. Die Karottenstreifen leicht mit Kokosöl bestreichen (nicht darin tränken, eventuell ein Spray verwenden) und nebeneinander auf dem Backblech ausbreiten – sie dürfen nicht übereinanderliegen. Etwa 20 Minuten backen, bis die gewünschte Knusprigkeit erreicht ist, dabei nach zehn Minuten einmal wenden. Die Streifen wie Bacon verwenden – auf Burgern, in Salaten oder als Snack. Die Karottenstreifen halten sich in einem luftdichten Behälter im Kühlschrank ein bis drei Tage (wenn sie so lange liegen bleiben!).

GEMÜSE-COUCH-FONDUE

FÜR 6 PORTIONEN

Für dieses lecker-cheesige Abendessen zum Dippen können Sie alles übrig gebliebene Blattgemüse verwenden – Rote-Bete-Blätter funktionieren gut. Bei einem DVD-Abend auf der Couch essen.

Altmodische Technologie = sicheres Zeichen, dass man alt wird.

Kokosöl, Olivenöl, Butter oder Ghee zum Einfetten

1 Bund Mangold, Stiele entfernt, Blätter sehr klein geschnitten

1 Zwiebel, grob gehackt

2 Knoblauchzehen, fein gehackt

350 ml saure Sahne

225 g geriebener alter Cheddar (oder Ihr liebster Hartkäse)

Meersalz und frisch gemahlener schwarzer Pfeffer

Den Backofen auf 180 °C vorheizen und eine Auflaufform mit Öl, Butter oder Ghee einfetten.

Mangold, Zwiebel und Knoblauch in der Küchenmaschine fein zerkleinern, aber nicht pürieren. Saure Sahne und die Hälfte des Käses hinzufügen und nach Geschmack mit Salz und Pfeffer würzen. Kurz die Maschine laufen lassen, um alles zu vermischen, dann in die Auflaufform füllen. Mit dem übrigen Käse bestreuen und etwa 15–20 Minuten backen, bis der Käse geschmolzen ist und eine goldbraune Kruste aufweist.

Mit Sachen zum Dippen servieren: geputzte neue Karotten, längst in Viertel geschnittene Minigurken, in dicke Scheiben geschnittene Radieschen, Chicoréeblätter, Fenchelsticks, rote Karottensticks, Kohlrübensticks, Körnerkräcker …

Karottengrün abgeschnitten
→ für Reste-Pesto Seite 49
→ für Garnierungen

SUPER BOWLS

All die MISHMASH-Bowls
voll von Nährstoffen, mit denen ich
euch in den sozialen Medien langweile
@sarahwilson #sarahwilsoneats
#swmishmashmeals

SO BEREITE ICH MEINE BOWLS ZU

Diese in zwei Minuten fertigen Mischungen aus einer Schüssel sind meine Standard-Mittags-(oder Frühstücks- oder Abend-)Mahlzeit. Es fühlt sich merkwürdig an, sie als Rezept aufzuschreiben, weil ich sie meist nach Lust und Laune zubereite und hineingebe, was ich gerade dahabe (und dazu noch ein paar zu laxe Kochtechniken verwende). Aber meine Verlegerin hat mich gebeten, es zu tun. Also … hier steht, wie ich meine Bowls zusammenstelle:

1 Portion gleich → 100 g Blattgemüse → 15 g alle anderen Gemüse

Rohe oder gekochte Zutaten?
Beide haben ihre Vorteile.

Argument fürs Rohe
Das Kochen reduziert die Enzyme in Nahrungsmitteln, und je weniger Enzyme, desto mehr eigene Körperenzyme werden für die Verarbeitung einer Mahlzeit gebraucht. Je mehr körpereigene Enzyme wir verwenden, desto schneller altern wir.

Argument fürs Gekochte
Viele Vitamine und Mineralien im Gemüse sind in den Zellwänden der Pflanzen eingelagert. Um die Zellwände aufzubrechen, muss das Gemüse gekocht werden. Also können viele der wertvollen Nährstoffe im rohen Gemüse vom Körper nicht aufgenommen werden.

Schlussfolgerung
Ich empfehle eine Mischung in einer Mahlzeit/an einem Tag von 70 Prozent Gekochtem und 30 Prozent Rohem (das kann je nach Jahreszeit etwas variieren). Für den Anteil an Rohem ist es empfehlenswert, Gemüse zuerst zu fermentieren (der Fermentationsprozess bricht die festen Zellwände auf) oder Gemüse zu essen, das zum Roh-Essen gedacht ist, zum Beispiel Salat und Gurke.

Schritt 1: Starten mit drei Portionen Gemüse
In Öl braten oder in zwei Würfeln tiefgefrorener Brühe (Seite 27) dünsten.

2 Eier, 1 handtellergroße Portion Fleisch oder 75 g richtig zubereitete Hülsenfrüchte (Seite 30).

Schritt 2: Eine Portion Protein hinzufügen
Ablöschen, falls erforderlich, mit einem kräftigen Spritzer Apfelessig oder Zitronensaft.

Schritt 3: 1–3 EL Fett unterrühren
Wie Sie alle wissen, braucht man gesättigtes Fett zur Verwertung der Vitamine A, E, K und D und von fleischlichem Protein. Ohne dieses Fett verschwenden Sie Ihre Zeit.

Dressing, Öl, Käse oder Avocado.

Schritt 4: Enzym-Kick hinzufügen
1–2 EL fermentiertes Gemüse oder enzymreiche Sachen wie Gekeimtes (Seite 228) oder bittere Gemüse.

Schritt 5: Geschmacksbomben
Suppeneinlagen, Algen-Dukkah (Seite 41), Grünkohlchips (Seite 115), Kapern, Rotalgenflocken, frische Kräuter usw.

REINIGENDE SALATE-BOWL

2 Handvoll zerkleinerter Radicchio, roter Chicorée und/oder Rotkohl

75 g in dünne Scheiben geschnittener Fenchel oder Radieschen

1 Selleriestange und die Blätter, sehr dünn geschnitten

1 kleine Handvoll Minze- oder Korianderblätter, klein gezupft

¼ Avocado, klein geschnitten

2 EL Powerhouse-Dressing (Seite 47)

40 g Puy-Linsen oder braune Linsen (Seite 30)

grob zerkleinerte aktivierte Mandeln (Seite 30) zum Servieren

Radicchio, roten Chicorée und/oder Rotkohl mit dem Fenchel oder den Radieschen, Sellerie und Minze- oder Korianderblättern vermischen. Avocado, Dressing und Linsen hinzufügen und die Mandeln darüberstreuen.

EXTRA-KICK
2–3 EL Sauerkraut

Für die Deko: 1 EL Granatapfelkerne, ein halber Apfel oder 4 Erdbeeren

4½ PORTIONEN GEMÜSE + OBST PRO PORTION

Was hat es mit dieser »citron«-Schüssel auf sich?

Die meisten meiner Super Bowls aus den sozialen Medien sind in dieser Schüssel aufgenommen worden, und so hat sie ihre eigenen Follower bekommen. Ich habe vier davon; es sind meine einzigen Schüsseln in dieser Größe. Hergestellt hat sie der australische Keramiker Robert Gordon mit Ton, der aus seiner Gegend stammt. Mum und Dad haben sie mir zu meinem 21. Geburtstag geschenkt. Und vor zwei Jahrzehnten waren französische Wörter und Zitronenmotive tatsächlich Mode!

HÜBSCHES FRÜHLINGS-RISOTTO

REGENBOGEN-GADO-GADO

NORI-ROLLE-BOWL

HÜBSCHES FRÜHLINGSRISOTTO

1 TL Olivenöl, Butter oder Ghee

450 g geraspelte Frühlingsgemüse (Spargel, Zucchini, Brokkoli, Fenchel und die Stiele)

1 Würfel tiefgefrorene Brühe (Seite 27) oder 1 EL Wasser

3 Erdbeeren und/oder Radieschen, in Scheiben geschnitten

Parmesanspäne und gehackte Haselnüsse, (vorzugsweise aktiviert; Seite 30) zum Servieren

Powerhouse-Dressing (Seite 47) zum Servieren

Öl, Butter oder Ghee in einer Pfanne oder einem kleinen Topf bei mittlerer Temperatur erhitzen. Das geraspelte Gemüse eine Minute darin braten, dann mit der Brühe oder dem Wasser ablöschen. Mit den Erdbeer- und/oder Radieschenscheiben, Parmesanspänen, gehackten Haselnüssen und einem guten Klecks Dressing servieren.

MEHR FÜLLE
Mit 85 g aktiviertem Buchweizen bestreuen (Seite 29).

6 PORTIONEN GEMÜSE + OBST PRO PORTION

REGENBOGEN-GADO-GADO

150 g geraspelte Rote Bete (oder Rotkohl)

150 g geraspelter Kürbis

150 g geraspelte Karotten

2 gekochte Eier, halbiert

4 EL TMT-Dressing (Seite 47) oder je 1 EL Erdnussbutter, Misopaste und Kokosmilch, zusammen verschlagen

geröstete Erdnüsse und Korianderblätter zum Servieren

Die geraspelten Gemüse in einer Schüssel anrichten, die Eier und das Dressing darauf arrangieren und die gerösteten Erdnüsse und den Koriander darüberstreuen.

EXTRA-KICK
1–2 EL Kimchi (Seite 218) oder Sprossen im Glas und etwas Algen-Dukkah (Seite 41).

6 PORTIONEN GEMÜSE + OBST PRO PORTION

NORI-ROLLE-BOWL

4 Spargelstangen

75 g gekochter Buchweizen (Seite 29), gekochte Quinoa (Seite 28) oder Blumenkohlreis (Seite 24)

100 g Räucherlachs oder 90 g Thunfisch, traditionell mit der Leine geangelt

2 Radieschen in Scheiben

½ Avocado in Scheiben

1 kleine Handvoll Keime im Glas (Seite 228)

1 Blatt Nori, zerkrümelt, oder 2 TL Algen-Dukkah (Seite 41)

TMT-Dressing (Seite 47) zum Servieren

1 TL schwarze Sesamsamen

Den Spargel ein paar Minuten in kochendem Wasser blanchieren (oder im Büro in die Mikrowelle stellen). Buchweizen, Quinoa oder Reis in eine Schüssel füllen, darauf den Fisch, die Radieschen, die Avocado, die Sprossen, Nori- oder Dukkah-Streusel und den Spargel verteilen. Das Dressing darüberträufeln und mit den Sesamsamen bestreuen.

VEGGIE-VARIANTE
Den Fisch mit 100 g gebratenen Tempehstreifen ersetzen.

Warum Tempeh und nicht Tofu?
Ich bin aus mehreren Gründen kein Fan von Soja, einer davon ist der Gehalt an Phytinsäure. Tempeh ist jedoch fermentiert, und durch die Fermentation werden viele dieser problematischen Toxine reduziert.

4 PORTIONEN GEMÜSE + OBST PRO PORTION

GEMÜSE-HUHN-BOWL

1 Bund Spargelbrokkoli, grob zerkleinert

1 Würfel tiefgefrorene Brühe (Seite 27) oder 1 EL Wasser

65 g zerkleinertes Hühnerfleisch

1 EL Reste-Pesto (Seite 49)

½ Avocado, klein geschnitten, oder 3 EL zerkrümelter Feta

Den Brokkoli in der Brühe oder dem Wasser in einer Pfanne oder einem kleinen Topf ein bis zwei Minuten dünsten, wenn nötig noch etwas Wasser hinzufügen. Das Hühnerfleisch dazugeben. Das Pesto mit der Avocado oder dem Feta kombinieren und mit der Mischung verrühren, bis alles durchgewärmt ist.

EXTRA-KICK
Indisches Kimchi (Seite 218) und Algen-Dukkah (Seite 41).

MEHR FÜLLE
1 Portion gekochte Quinoa (Seite 28).

4 PORTIONEN GEMÜSE + OBST PRO PORTION

GEMÜSE-OBST-BOWL

100 g Grünkohl, massiert

1 Stange Sellerie mit Blättern, klein geschnitten

8 Zuckerschoten, in Scheiben geschnitten

½ Pfirsich in kleinen Stücken

1 Spritzer Apfelessig

2 EL zerdrückte Pekannüsse (vorzugsweise aktiviert, Seite 30)

1–2 EL zerkrümelter Feta

Kohl, Sellerie, Schoten und Pfirsich vermischen, den Essig unterrühren und mit den Pekannüssen und dem Feta bestreuen.

2 PORTIONEN GEMÜSE + OBST PRO PORTION

VATA-AUSGLEICH-BOWL

Süßkartoffelchips (siehe unten) zum Servieren

100 g vorgekochter und tiefgefrorener Mangold (Seite 24), aufgetaut, oder 200 g in Streifen geschnittener frischer Mangold

65 g klein gezupftes Lammfleisch (Seite 150)

75 g tiefgefrorene Erbsen, aufgetaut

gedämpfte Zucchinischeiben oder Spalten von gelben Zucchini zum Servieren

Die Süßkartoffelchips herstellen. ← *Kinderleicht und schnell (aufgrund geheimer Tricks).*

Aus der Pfanne nehmen und warmhalten.

Den Bodensatz in der Pfanne mit etwas Wasser ablöschen. Mangold, Fleisch und Erbsen hinzufügen, und etwa zwei bis drei Minuten kochen, bis alles durchgewärmt ist. Gedämpfte Zucchinischeiben oder gelbe Zucchinispalten und Süßkartoffelchips darauf anrichten und servieren.

EXTRA-KICK
Einen Klecks Sauerkraut und TMT-Dressing (Seite 47) hinzufügen.

3 PORTIONEN GEMÜSE + OBST PRO PORTION

SÜSSKARTOFFELCHIPS

Eine halbe Süßkartoffel in 5 mm dicke Scheiben schneiden. In einer kleinen Pfanne bei mittelhoher Temperatur einen kräftigen Klecks Kokosöl erhitzen. Die Scheiben hinzufügen und großzügig mit Salz bestreuen (das beschleunigt das Garen!). Beide Seiten goldbraun braten (etwa fünf Minuten insgesamt).

1 PORTION GEMÜSE + OBST PRO PORTION

PUTTANESCA FESTIVAL

1 kleine Handvoll Brunnenkresse

1 Zucchini, Karotte oder Pastinake, mit dem Gemüseschäler oder dem Spiralschneider längs in dünne Streifen geschnitten

1 Stange Sellerie mit Blättern, in dünne Streifen geschnitten

4 Cherrytomaten, geviertelt

¼ rote Zwiebel, in dünne Ringe geschnitten

1 Handvoll entsteinte schwarze Oliven

8 EL selbst eingelegte Sardinen (Seite 100) oder 90-g-Dose traditionell mit der Angel gefangener Thunfisch in Lake oder Olivenöl extra vergine

1 EL Reste-Pesto (Seite 49)

4 EL aktivierter Buchweizen (Seite 29) oder geröstete Sauerteigwürfel

Alle Gemüse und die Oliven in die Schüssel geben und vermengen. Fisch und Pesto darauf anrichten und Buchweizen oder Brotwürfel darüberstreuen.

WARME BOWL
Wenn Sie Verdauungs- oder Schilddrüsenprobleme haben, können Sie die Gemüsestreifen braten (mit dem Öl oder in der Lake des Fischs) und dann die anderen Zutaten zugeben und mit anwärmen.

Zucchini im Salat
Wenn man anstatt Gurke oder grünem Salat Zucchini verwendet, kann man das Dressing schon morgens hinzufügen, und alles wird schön mariniert – aber nicht schlaff – und ist zum Mittagessen fertig.

3 PORTIONEN GEMÜSE + OBST PRO PORTION

Zurück zu den Rezepten geht's hier entlang.
GEMÜSE-HUHN-BOWL
Indisches KIMCHI
Mein
(toll an
VATA-AUSGLEICH-BOWL
MIT SÜSSKARTOFFELCHIPS

PUTTANESCA FESTIVAL

MIT AKTIVIERTEM BUCHWEIZEN ALS »PASTA«-ELEMENT

Aktivierter BUCHWEIZEN

GEMÜSE-OBST-BOWL

eh-Bowl"
agen)

INDISCHES KIMCHI (SEITE 218)

NACHHALTIGE FISCHGERICHTE

Ein paar Tipps, wie das geht:

Erste Wahl →

1. Kleine fettreiche Fische
2. Fischreststücke (bitten Sie Ihren Fischhändler, sie für Sie aufzuheben)
3. Ganze Fische kaufen und Gräten und Reste auskochen
4. Regional kaufen
5. Auf „The Kit" gibt's hilfreiche Apps und Anleitungen

(siehe Seite 11)

PS Ich ♡ SARDINEN

Wir fangen an mit:

DREIMAL FETTER FISCH:

Sie wollen Omega 3 + nachhaltigen Fisch?
Einfach kleine, fettreiche Fische essen – Sardinen + Anchovis
(Hering auch!)

Die perfekte Kombi: Sardinen + Avocado + Chiliflocken

1. SELBST EINGELEGTE SARDINEN

AUF AVOCADO-TOAST MIT CHILI-FLOCKEN

2. MEDITERRANE SOMMERSARDINEN AUS DEM BACKOFEN

Ich esse Köpfe und Schwänze der Sardinen besonders gern. Sie nicht? Sollten Sie aber!

3. GEGRILLTE SARDINEN MIT CHILI, HALLOUMI UND ZITRONENPESTO

weiter zu den Rezepten →

Auf dem Foto fehlt Petersilie. Hab ich übersehen.

1. SELBST EINGELEGTE SARDINEN

Warum fetten Fisch einlegen?

Fetter Fisch kann schwer zu bekommen sein, weil er nicht immer Saison hat und nicht sehr beliebt ist ... noch nicht (ich arbeite daran). Wenn Sie ihn bekommen, lohnt es sich daher, gleich eine große Menge zu kaufen. Aber er verdirbt schnell (siehe Seite gegenüber), also schlagen Sie mit dem Einlegen zwei Fliegen mit einer Klappe, weil Sie so auch immer welchen dahaben, wenn Sie die Lust danach überkommt.

FÜNF ARTEN, SARDINEN ZU ESSEN

1. Als Suppeneinlage.
2. Auf Toast mit Avocado und Chiliflocken.
3. Unter eine üppige Bowl gerührt (heiß oder kalt); siehe Seiten 86–95.
4. Auf einer Platte mit Radieschen, selbst gemachtem Frischkäse (Seite 42) und Kräckern.
5. In ein Radicchioblatt eingerollt oder als Chicorée-Schiff. (Das mach ich. Zum Frühstück.)

ERGIBT 6 PORTIONEN

Ich habe mit verschiedenen Arten experimentiert, um meinen Fettfisch zu konservieren. Viele Fischfans arbeiten mit einer Essiglake oder Öl und/oder Salz, aber sie verwenden viele Zutaten, die dann weggeworfen werden, was ich nicht mag. Das Rezept hier ist das wirkungsvollste und preiswerteste, und Sie können das Einlegwasser verwenden.

500 g filetierte Sardinen, Anchovis, Heringe oder Makrelen (größere Fische in kleinere Stücke schneiden)

½ rote Zwiebel, in dünne Ringe geschnitten

½ kleiner Fenchel mit Stielen und Grün, eventuell in Ringe geschnitten

2 Lorbeerblätter

½ TL Chiliflocken

3 EL selbst gemachte Molke (Seite 42) oder Apfelessig

2 TL Meersalz

Keine Sorge, wenn Sie keine großen Schraubgläser haben – eine mit Haushaltsfolie abgedeckte Glasschüssel tut es ebenso.

In ein breites Schraubglas (breit genug, damit jedes Filet flach liegen kann) den Fisch in Lagen mit Zwiebel, Fenchel, Lorbeerblättern und Chiliflocken einfüllen. Molke oder Apfelessig und Salz und 250 ml Wasser angießen.

Ein kleineres, sauberes Gefäß mit Wasser füllen, verschließen und als Gewicht in das große Gefäß stellen, um den Fisch unter die Flüssigkeit zu drücken (oder einen Teller nehmen). Das große Gefäß mit einem sauberen Küchentuch oder einem anderen Tuch abdecken, an einen dunklen Ort stellen und 24 Stunden fermentieren.

Das Gewicht entfernen, das Hauptgefäß mit einem Deckel verschließen (oder eine Schüssel mit Frischhaltefolie zudecken) und in den Kühlschrank stellen. Der Fisch hält sich nun drei bis vier Wochen.

UND MIT GRIECHISCHEM KICK

Anstatt der Zwiebel Knoblauch und anstatt der Lorbeerblätter Oregano verwenden.

Omega 3: Achtung!

Omega 3 ist gut, die Fettsäure kann aber bei zu langem Lagern durch Oxidation auch eine schädliche Wirkung entfalten. Das lässt sich durch ein paar Tricks vermeiden (die in diesen Rezepten alle angewandt sind):

* Den Fisch am selben Tag essen, an dem er gekauft wird. Oder ihn konservieren.
* Den Fisch gut waschen. Das entfernt die Bakterien, die den Abbau der gesunden Omega-3-Fettsäure beschleunigen.
* Den Fisch in eine Lake mit Säure einlegen.
* Den Kontakt mit Hitze minimieren: Am besten isst man den Fisch lieber gebeizt als gekocht. Aber ihn kurz zu grillen oder in der Pfanne zu braten ist auch gut.

2. MEDITERRANE SOMMERSARDINEN AUS DEM BACKOFEN

ERGIBT 6 PORTIONEN

1 große Aubergine, in 3 cm große Würfel geschnitten

1 große rote Paprikaschote, grob zerkleinert

2 Zucchini, längs halbiert und in dicke Scheiben geschnitten

250 g Cherrytomaten, halbiert

1 rote Zwiebel, in Spalten geschnitten

2 Knoblauchzehen, fein gehackt

40 g Kokosöl, plus etwas extra (geschmolzen) zum Beträufeln

3 EL Apfelessig oder Rotweinessig

Meersalz und frisch gemahlener schwarzer Pfeffer

12 frische ganze Sardinen (mit Köpfen), gesäubert, entschuppt und ausgenommen (oder 700 g anderer filetierter fetter Fisch)

3 EL Kapern

Zitronenspalten, glatte Petersilie und Sauerteigbrot zum Servieren

Den Backofen auf 200 °C vorheizen und ein großes Backblech mit Backpapier auslegen.

Aubergine, Paprikaschote, Zucchini, Tomaten, Zwiebel und Knoblauch auf das vorbereitete Backblech legen und mit Öl und Essig vermischen. Mit Salz und Pfeffer würzen. Etwa 15–20 Minuten backen, bis die Gemüse zart sind.

Derweil den Fisch vorbereiten. Mit Öl beträufeln und salzen und pfeffern. Das Backblech aus dem Ofen nehmen, Fisch und Kapern auf dem Gemüse verteilen und weitere 20 Minuten backen oder bis alles schön gegart und kross aussieht. Mit Zitronenspalten dekorieren, Petersilie darüberstreuen und Sauerteigbrot dazu reichen.

2 PORTIONEN GEMÜSE + OBST PRO PORTION

3. GEGRILLTE SARDINEN MIT CHILI, HALLOUMI UND ZITRONENPESTO

ERGIBT 6 PORTIONEN ALS VORSPEISE

125 ml Reste-Pesto (Seite 49) oder Brunnenkresse-Sauce (Seite 112)

Saft und abgeriebene Schale einer Zitrone

6 frische ganze Sardinen oder 12 frische ganze Anchovis (mit Köpfen), gesäubert und ausgenommen, oder 350 g Makrelenfilets mit Haut, in 6 Stücke geschnitten

2 TL Kokosöl, Olivenöl, Butter oder Ghee, geschmolzen

½ TL Chiliflocken

½ TL Meersalz

500 g Halloumi, in 5 mm dicke Scheiben geschnitten

Brunnenkresse zum Servieren (optional)

Aus dem Reste-Pesto oder der Brunnenkresse-Sauce mit dem Zitronensaft und der Zitronenschale ein Zitronen-Pesto herstellen. Beiseitestellen.

Grill, Grillpfanne oder Barbecue-Grillplatte auf mittelhohe Temperatur vorheizen. Fisch mit Öl, Butter oder Ghee einreiben und mit Chiliflocken und Salz würzen. Halloumi und Fisch unter den Grill, in die Grillpfanne oder auf die Barbecue-Grillplatte legen, und jede Seite zwei bis drei Minuten grillen, bis sie schöne Grillmarkierungen aufweisen. Mit Brunnenkresse, Zitronen-Pesto und Zitronenspalten servieren.

UND ALS HAUPTGERICHT

Dreimal so viel Fisch nehmen und auf grünem Ausgleichssalat (Seite 207) oder massiertem Grünkohl (Seite 25) servieren.

KOKONDA-REZEPT MIT VORSPEISE VON MEINEM BRUDER PETE

ERGIBT 6 PORTIONEN

Dieses Rezept mit mariniertem Fisch brachte Pete mit zurück von seinem früheren Wohnsitz, den Salomon-Inseln, und erfreute damit 15 Personen bei einem weihnachtlichen Familientreffen. Soweit es ging, habe ich die Anleitung, die ich per E-Mail bekam, in seinen Worten aufgeschrieben.

Im Fischladen

Denken Sie daran, dass Sie den ganzen Fisch für diese zweiteilige Mahlzeit (Vorspeise = Fischbrühe, Hauptspeise = Kokonda) verwenden. Bitten Sie den Fischhändler, den Fisch für Sie zu säubern und zu filetieren, aber nehmen Sie auch alle Reste mit! Fragen Sie nach extra Resten, damit Ihre Brühe kräftiger wird.

Und der Fisch wird mariniert verzehrt, daher ist es besonders wichtig, dass er frisch ist.

Pete fängt seinen Fisch eine Stunde vorm Abendessen und filetiert ihn selbst; er empfiehlt, dem Fischhändler zu sagen, dass der Fisch nur mariniert und nicht gekocht oder gebraten wird, damit er Ihnen wirklich frischen Fisch gibt.

600 g frischer weißer Fisch, filetiert (Gräten und Reste für die Brühe aufheben) und in 2 cm große Stücke geschnitten

Saft von 4–6 Zitronen (um den Fisch zu bedecken)

1 lange rote Chili, in dünne Ringe geschnitten

6 Frühlingszwiebeln, in dünne Ringe geschnitten

2 kleine gelbe Paprikaschoten, gewürfelt

1 Gurke, gewürfelt

2 Tomaten, gewürfelt

400-ml-Kokoscreme

Pete macht seine eigene. Anleitung in »The Kit« (siehe Seite 11).

Meersalz und frisch gemahlener schwarzer Pfeffer

Korianderblätter zum Servieren

Am Abend oder Morgen davor: Den Fisch in ein Glas- oder Keramikgefäß legen und den Zitronensaft darübergießen – der Fisch muss völlig bedeckt sein. Zudecken und zum Marinieren mindestens drei Stunden in den Kühlschrank stellen (besser über Nacht). Dadurch wird der Fisch »gegart« und bleibt fest und durchscheinend.

Derweil aus den Fischresten eine Brühe machen (Seite 38).

Am nächsten Tag oder vorm Servieren: Den Fisch abspülen (Marinade aufheben, siehe unten) und auf einer Servierplatte anrichten. Chili, Frühlingszwiebeln, Paprikaschoten, Gurke und Tomaten dazugeben und alles vermengen. Kokoscreme darübergießen und nach Geschmack mit Salz und Pfeffer würzen.

Die Brühe sanft erhitzen und in Bechern servieren.

»Modischer Schnickschnack ist nicht nötig.« – Pete

Das Kokonda mit Korianderblättern servieren.

»Oder mit Usain Bolts Lieblingsbeilage Taro (außer Sie sind Paleo), um es authentisch südpazifisch zu machen. Und genießen Sie Ihr Glück bewusst.« – Pete

WAS TUN MIT DER ÜBRIG GEBLIEBENEN MARINADE?

Vor dem Erwärmen in die Fischbrühe geben. Oder das nächste Huhn- oder Fischgericht damit ablöschen.

1½ PORTIONEN GEMÜSE + OBST PRO PORTION

Vorspeise x 2
Hauptgericht x 2

LACHS AUF WEISSKOHL-MISCHUNG AUS DEM BACKOFEN

ERGIBT 2 PORTIONEN

Dies ist meine Luxusversion von Fish and Chips mit Krautsalat.

1 Bund Spargelbrokkoli, in mundgerechte Stücke geteilt

250 g abgepackter Krautsalat (oder 1 große Karotte und ¼ Weißkohl, dünn geraspelt)

2 neue Baby-Kartoffeln, in sehr dünne Scheiben geschnitten (etwa 2 mm dick)

1 EL gehackte Macadamia-Nüsse, Mandeln oder Cashewnüsse (vorzugsweise aktiviert; Seite 30)

1 TL Apfelessig

2 TL Kokosöl

Meersalz und frisch gemahlener schwarzer Pfeffer

300 g Lachsfilet mit Haut

1 TL geräuchertes Paprikapulver

Saft einer halben Zitrone zum Servieren

Den Backofen auf 200 °C vorheizen und eine große ofenfeste Pfanne oder ein Backblech mit Backpapier auslegen.

Brokkoli, Weißkohlmischung, Kartoffeln, Nüsse, Essig und Öl in einer großen Schüssel vermischen und mit Salz und Pfeffer würzen.

Das Lachsfilet längs in zwei gleich große Portionen teilen. Die Weißkohlmischung auf der Hälfte des vorbereiteten Backblechs verteilen und die Filets mit der Haut nach unten in die andere Hälfte legen. Den Lachs mit dem Paprikapulver bestreuen. Etwa 12–15 Minuten backen. Den Lachs mit einem Spritzer Zitrone auf der Luxus-Kohl-Mischung servieren.

UND SCHÖN SOMMERLICH
Die Kartoffeln durch Pfirsichscheiben ersetzen.

3 PORTIONEN GEMÜSE + OBST PRO PORTION

NACHHALTIGES SÜSSES FISCH-CURRY

ERGIBT 6 PORTIONEN

Viele Menschen bekommen Panik, wenn ihr Fisch mehr als einen oder zwei Tage im Kühlschrank gelegen hat. Ich nicht. Ich mache Fisch-Curry.

400-ml-Dose Kokosmilch, nicht geschüttelt

4 EL rote Thai-Currypaste (achten Sie darauf, dass sie keinen Zucker enthält)

1 EL fein gehacktes Zitronengras (optional)

1 EL geriebene frische Kurkumawurzel, fermentierte Kurkumapaste (Seite 220) oder ½ TL Kurkumapulver

1 große Zwiebel, gehackt

300 g Süßkartoffel oder Kürbis, in 3 cm großen Stücken

125 ml selbst gemachte Hühnerbrühe (Seite 38) oder Wasser

800 g nachhaltig gefangener, fester weißer Fisch, in 4 cm große Stücke geschnitten (Reststücke sind perfekt)

450 g klein geschnittenes Gemüse (Bohnen, Zucchini und Blumenkohl sind eine gute Kombination)

150 g tiefgefrorene Erbsen

3 Knoblauchzehen, fein gehackt (optional)

1 EL Fischsauce oder Zitronensaft

6 Kaffirlimetten-Blätter, in feine Streifen geschnitten

Die kaufe ich in großen Mengen und lagere sie im Gefrierschrank.

1 Handvoll Minze-, Koriander- oder Basilikumblätter

1 lange rote Chili, in feine Ringe geschnitten (optional)

Eine große Pfanne oder einen Wok bei mittlerer Temperatur erhitzen. Die oberste Schicht der Kokosmilch in die Pfanne geben. Currypaste, Zitronengras (falls verwendet) und Kurkuma hinzufügen und zwei bis drei Minuten unter Rühren erhitzen. Zwiebel und Süßkartoffel oder Kürbis dazugeben und fünf Minuten kochen. Die übrige Kokosmilch und die Brühe oder das Wasser angießen. Fisch, Gemüse, Erbsen und Knoblauch (falls verwendet) hinzufügen.

Zum Kochen bringen und etwa fünf Minuten köcheln, bis der Fisch gerade durchgegart ist. Fischsauce oder Zitronensaft, Kaffirlimetten-Blätter, Kräuter und Chili (falls verwendet) unterrühren. In Schüsseln servieren (das Curry ist recht dünnflüssig).

2 PORTIONEN GEMÜSE + OBST PRO PORTION

Ordentlich Gemüse zugeben
Nachhaltiger Fisch
Etwas Süßes hinzufügen
Hab ich Kurkuma erwähnt?
Schummeln ist erlaubt!
Mit Currypaste
Kaffirlimetten-Blätter (hab ich im Gefrierschrank)

EIN HAUFEN GEMÜSE

In diesem Kapitel geht es darum, den RIESENBROKKOLI und den KOPF BLUMENKOHL zu verbrauchen und davon zu profitieren, dass ZUCCHINI gerade **IM ANGEBOT** sind + diesen GRÜNKOHL zu verwerten, der sich im Kühlschrank breitmacht.

Ich feiere JEDES GEMÜSE seit 2015

SIEBZIGER-JAHRE-SALATSUPPE

ERGIBT 6 PORTIONEN

Römersalat ist für diese Suppe am besten. Oder Sie nehmen stattdessen zwei kleine Salatherzen oder einen Eisbergsalat. Eine Handvoll Rucola kann auch dazu. Aber für mich geben die tiefgefrorenen Erbsen dem Gericht den ländlich-luxuriösen Pfiff. Oder?

50 g Butter

1 EL Mehl (beliebige Art)

1 Stange Lauch oder 1 Zwiebel, klein gehackt

2 Knoblauchzehen, zerdrückt

500 ml selbst gemachte Brühe (Hühner- oder Gemüsebrühe, Seite 38)

1 schönen großen Römersalat, klein geschnitten

300 g tiefgefrorene Erbsen

20 g Minzeblätter

Saft einer halben Zitrone

½ TL Steviagranulat oder 1–2 Tropfen flüssiges Stevia (optional)

Meersalz und frisch gemahlener schwarzer Pfeffer oder weißer Pfeffer

vollfetter Bio-Naturjoghurt und Suppeneinlagen nach Wahl zum Servieren

Salat sieht mit weißem Pfeffer hübscher aus.

Butter in einem großen Topf bei niedriger bis mittlerer Temperatur erwärmen. Das Mehl einrühren. Lauch oder Zwiebel und Knoblauch hinzufügen und weich dünsten (aber nicht bräunen). Brühe, 250 ml Wasser, Salat und Erbsen hinzufügen und zum Kochen bringen. Topf zudecken, Temperatur herunterschalten und fünf Minuten köcheln lassen. Vom Herd nehmen. Minzeblätter, Zitronensaft und Stevia (falls verwendet) dazugeben. Im Topf mit einem Stabmixer pürieren oder in einen Mixer umfüllen und nach Geschmack mit Salz und Pfeffer würzen. Zum Servieren wieder heiß machen. Oder im Sommer erkalten lassen, im Kühlschrank kühlen und kalt servieren. Mit einem Klecks Joghurt und ein paar Suppeneinlagen anrichten.

AUS DEN RESTEN BÜROESSEN MACHEN

In ein Glas füllen, einfrieren und entweder im Büro in der Mikrowelle erhitzen oder im Sommer kalt wie einen Smoothie trinken.

2 PORTIONEN GEMÜSE + OBST PRO PORTION

CAESAR-SALAT VOM GRILL

ERGIBT 4 PORTIONEN

Nur den unteren Stiel des Salats abschneiden, damit die Hälften nicht auseinanderfallen.

400 g Hähnchenschenkel-Filets, in 8 Stücke geschnitten

Meersalz und frisch gemahlener schwarzer Pfeffer

2 TL Olivenöl

4 Eier

2 Romanasalatherzen, geputzt und längs halbiert

4 Scheiben übrig gebliebenes (altbackenes) Sauerteigbrot (optional)

CAESAR-DRESSING

125 ml Mayo mit Molke (Seite 44)

5 Anchovis, sehr klein gehackt

1 Zehe Gut-für-den-Darm-Knoblauch (Seite 220), zerdrückt

Für das Dressing Mayo, Anchovis und Knoblauch in einer kleinen Schüssel vermischen. Mit Salz und Pfeffer würzen und gut verrühren. Nach Belieben mit 1–2 TL Wasser verdünnen.

Keinen Grill? Nehmen Sie eine große Bratpfanne.

Das Hühnerfleisch mit Salz und Pfeffer würzen. Eine Barbecue-Grillplatte bei hoher Temperatur erhitzen. Temperatur auf mittelhoch herunterschalten, und das Hühnerfleisch auf jeder Seite etwa drei bis vier Minuten grillen, bis es etwas angekohlt und durchgegart ist. Während das Fleisch gart, etwas Öl auf die Platte geben, und die Eier etwa zwei bis drei Minuten braten, bis das Eiweiß fest und das Eigelb gestockt ist. Salat mit der Schnittseite nach unten und Brot (falls verwendet) hinzufügen und ein bis zwei Minuten grillen. Zum Servieren Dressing darüberträufeln.

2 PORTIONEN GEMÜSE + OBST PRO PORTION

SALAT FÜR DIE PARTY

ERGIBT 6 SALATBEILAGEN

Mit diesem kinderleichten Rezept haben Sie rasch einen Salat für die Party fertig.

1 Eisbergsalat, in 12 dicke Spalten geschnitten

240 ml Grüne-Göttin-Dressing (Seite 48)

Die Salatspalten auf einer Platte anrichten und das Dressing darübergießen.

½ PORTION GEMÜSE + OBST PRO PORTION

HIPSTER-GROSSVATER-SALAT

ERGIBT 6 VORSPEISEN ODER 2 HAUPTGERICHTE

Ein Salat mit Bacon, Ei und weißem Pfeffer erinnert mich immer an meinen Großvater, der auf alles weißen Pfeffer und Selleriesalz streute. Der massierte Grünkohl gibt diesem traditionellen Salat einen aktuellen Pfiff.

1 Portion massierter Grünkohl (Seite 25)

4 hartgekochte Eier, in große Stücke geschnitten

12 EL Bacon-Stücke (Seite 40, optional)

1 TL gemahlener weißer Pfeffer

Sellerieblattsalz oder Meersalz nach Geschmack

Den Kohl mit den Eiern, den Bacon-Stücken, Pfeffer und Salz vermischen.

2 PORTIONEN GEMÜSE + OBST PRO PORTION

BRUNNENKRESSE-SAUCE UND EIER

ERGIBT 2 PORTIONEN

75 ml Olivenöl extra vergine

1 Zwiebel, in feine Ringe geschnitten

2 Knoblauchzehen, fein gehackt

1 Bund Brunnenkresse, gewaschen, getrocknet und klein geschnitten

Meersalz

4 hartgekochte Eier, halbiert

1 EL des Olivenöls in einer kleinen Pfanne bei niedriger bis mittlerer Temperatur erhitzen. Zwiebel hinzufügen und glasig anschwitzen. Knoblauch dazugeben und etwa zwei weitere Minuten braten, bis er duftet. Brunnenkresse hinzufügen und etwa fünf Minuten mitgaren, bis die Stiele weich sind.

Mit dem restlichen Öl und 75 ml Wasser im Mixer glatt pürieren. Mit Salz und Pfeffer würzen. Zum Servieren die Eier auf einem Teller anrichten und mit der Brunnenkresse-Sauce beträufeln.

2 PORTIONEN GEMÜSE + OBST PRO PORTION

Erinnerung!

Um Brunnenkresse zu trocknen, legt man sie in einem sauberen Wäschesack in die Waschmaschine und lässt diese im niedrigsten Schleudergang etwa 30 Sekunden laufen.

Ayurvedisch gesehen
Grünes Gemüse kann die Vata-Energie nehmen und Wind erzeugen. In diesem Gericht hilft Halloumi zusammen mit gutem Fett und sanft wärmenden Gewürzen, sodass Vata reduziert wird, ohne das Pitta zu stärken. Alles klar?

GRÜNES GEMÜSE MIT HALLOUMI

ERGIBT 6 BEILAGEN

- 40 g Ghee (oder Kokosöl, aber Ghee ist am besten)
- 250 g Halloumi, in 2 cm große Würfel geschnitten
- 1 große Zwiebel, gehackt
- 2 Knoblauchzehen, fein gehackt
- 2 cm frischer Ingwer, fein gehackt
- 2 TL frische Kurkumawurzel oder fermentierte Kurkumapaste (Seite 220) oder ½ TL Kurkumapulver
- 3 TL Ras el-Hanout (Seite 41) oder je 1 TL Koriander, gemahlener Kreuzkümmel und Cayennepfeffer
- ½ TL frisch gemahlener schwarzer Pfeffer
- 500 g grünes Gemüse, abgespült und gehackt
- 1 kräftige Prise Salz
- 2–3 EL vollfetter Bio-Naturjoghurt (optional)

Grünes Gemüse: Zum Beispiel etwa 500 g Spinat (ältere, festere Blätter sind besser geeignet als Babyspinat) oder 1 kleines Bund Mangold oder 1 Bund Löwenzahnblätter, Rote-Bete-Blätter, Grünkohl oder Wasserkresse mit etwa 250 g Spinat.

Die Hälfte des Ghee oder Kokosöls in einem großen Topf bei mittelhoher Temperatur erhitzen und den Halloumi darin goldbraun braten. Herausheben und beiseitestellen. Das übrige Ghee oder Öl im selben Topf erhitzen und Zwiebel, Knoblauch und Ingwer darin weich braten. Gewürze hinzufügen und weiter braten, bis sie goldbraun sind (etwa fünf Minuten). Kurz bevor die Gewürze anbrennen, etwas Wasser angießen. Gemüse und Salz dazugeben, Topf zudecken und fünf bis zehn Minuten kochen. (Wenn der Topf nicht groß genug ist, Gemüse portionsweise garen.) Das gegarte Gemüse mit dem Stabmixer oder in der Küchenmaschine pürieren. Wenn eine cremigere Textur gewünscht wird, den Joghurt unterrühren. Halloumi mit in den Topf geben und vor dem Servieren alles noch einmal fünf Minuten erhitzen.

FÜR VEGANER
Anstatt Halloumi Tofu nehmen.

1 PORTION GEMÜSE + OBST PRO PORTION

BRUNNENKRESSE-»COLCANNON«

ERGIBT 6 BEILAGEN

Nicht, dass ich den Iren zeigen möchte, was man mit Kartoffeln machen kann, aber ich konnte der Versuchung nicht widerstehen, ihr Nationalgericht »Colcannon« (normalerweise aus Kartoffeln, Grün- und Weißkohl) etwas gesünder zu machen.

Die Kartoffeln nur abbürsten, sie müssen nicht geschält werden. →

1 kg »weißes« Gemüse (Kartoffeln, Blumenkohl, Pastinaken, Knollensellerie, Kohlrüben), klein geschnitten

75 g Butter und etwas mehr zum Servieren

1 Stange Lauch, klein geschnitten

1 Bund Brunnenkresse, Löwenzahnblätter oder Mangold, grob zerkleinert

250 ml Milch

Meersalz und frisch gemahlener schwarzer Pfeffer

Die weißen Gemüse in einen großen Topf füllen und mit Wasser bedecken. Zugedeckt bei hoher Temperatur zum Kochen bringen. Temperatur herunterschalten, und etwa 15 Minuten köcheln lassen, bis das Gemüse weich ist. Abgießen.

Derweil die Butter in einem großen Suppentopf bei mittlerer Temperatur schmelzen. Den Lauch hinzugeben und etwa drei bis fünf Minuten sautieren, bis er weich ist. Das grüne Gemüse hinzufügen und fünf Minuten garen, bis die Blätter zusammengefallen und die Stiele weich sind. Milch angießen und erhitzen, bis sie blubbert. Die gekochten weißen Gemüse einfüllen und mit Salz und Pfeffer würzen. Mit dem Kartoffelstampfer oder einer Gabel so zerdrücken, dass die Masse etwas stückig bleibt.

Zum Servieren das Püree in Schüsseln anrichten. Mit dem Löffelrücken in die Mitte eine Mulde drücken und einen Klacks weiche Butter hineingeben. Wenn die Butter schmilzt, tunkt man vorm Verzehren jede Gabel mit dem Püree in die Butter.

ORANGE VARIANTE
Die Hälfte der weißen Gemüse durch Süßkartoffeln und Karotten ersetzen.

FLEISCHVARIANTE
Beim Garen des Lauchs drei Scheiben klein geschnittenen Bacon hinzufügen.

SOMMERVARIANTE
150 g Erbsen und ½ Bund Minze unterrühren.

3 PORTIONEN GEMÜSE + OBST PRO PORTION

HALLOUMI IN SESAMKRUSTE MIT ERDBEERSALAT

ERGIBT 6 PORTIONEN ALS BEILAGE

4 EL Sesamsamen (am besten weiße; aber nehmen Sie, was Sie dahaben)

Meersalz und frisch gemahlener schwarzer Pfeffer

250 g Halloumi, in 3 cm große, 5 mm dicke Stücke geschnitten

40 g Kokosöl, geschmolzen

250 g Erdbeeren, entstielt und in Viertel geschnitten

1 Bund Brunnenkresse, harte Stiele entfernt und Blätter in mundgerechte Stücke gerissen

125 ml Powerhouse-Dressing (Seite 47)

Die Sesamsamen auf einen Teller streuen und nach Geschmack Salz und Pfeffer dazugeben. Halloumi in eine Schüssel mit dem Kokosöl füllen und sanft schütteln, um die Käsestücke mit Öl zu umhüllen. Dann in den Sesamsamen rollen, bis sie damit gleichmäßig bedeckt sind.

Halloumi in einer Bratpfanne bei mittelhoher Temperatur braten, bis er rundum schön gebräunt ist. Die restlichen Zutaten in einer Schüssel vermischen und den gebratenen Halloumi darauf anrichten.

½ PORTION GEMÜSE + OBST PRO PORTION

GRÜNKOHLCHIPS

Verwenden Sie diese salzigen grünen Chips als Salat-, Suppen- oder Eintopfeinlage oder mischen Sie sie mit gerösteten Sesamsamen und aktiviertem Buchweizen (Seite 29) zu einem nährstoffreichen Snack.

500 g Grünkohl- oder Schwarzkohlblätter, Rippen entfernt und Blätter klein gerissen

1 TL Meersalzflocken

Den Backofen auf 200 °C vorheizen. Die Blätter in einer einzigen Lage auf einem Backblech verteilen (eventuell brauchen Sie zwei Bleche) und mit dem Salz bestreuen. Etwa 10–15 Minuten backen, bis der Kohl knusprig ist.

Wenn die Blätter abgekühlt sind, mit den Händen in kleine Chips zerkrümeln oder kurz in der Küchenmaschine zerkleinern. In einem luftdichten Behälter bis zu einer Woche aufbewahren.

2 PORTIONEN GEMÜSE + OBST PRO PORTION

ROTKOHL

Rotkohl hat einen erdigeren Geschmack als andere Kohlsorten und schmeckt toll in Krautsalat und Salatmischungen mit grünem Blattgemüse. Er enthält achtmal so viel Vitamin C wie Weißkohl und mehr sekundäre Pflanzenstoffe.

WIRSINGKOHL

Die Blätter sind zart, sogar roh gegessen. Das macht den Kohl perfekt geeignet für Salate und Wraps und als Bett für andere Gerichte. Gekocht verfliegt auch der Schwefelgeruch, falls das für Sie eine Rolle spielt.

WEISSKOHL

Weißkohl wird hoch geschätzt und eignet sich für eine Reihe von Gerichten. Verwenden Sie ihn roh im Salat, gekocht oder geschmort.

CHINAKOHL

Chinakohl ist in der ostasiatischen Küche weit verbreitet. Er schmeckt gut in Salaten und wird gekocht für Dumplings und Frühlingsrollen verwendet.

Andere Kohlarten (ohne Bild): Rosenkohl, Pak Choi, Choi Sum

RÖSTKOHL MIT CASHEWNÜSSEN

ERGIBT 2 PORTIONEN

50 g Kokosöl oder Ghee und etwas mehr zum Einfetten

1 großer Kopf Brokkoli oder Blumenkohl (oder eine Mischung aus beiden), in kleine Röschen geschnitten, mit Stielen

½ TL Chiliflocken

40 g Cashewnüsse (vorzugsweise aktiviert, Seite 30)

1 EL Fischsauce

Zitronenschnitze zum Servieren

Korianderblätter zum Servieren

Den Backofen auf 220 °C vorheizen. Ein Backblech mit Backpapier auslegen und dieses einfetten. Alle Zutaten in eine große Schüssel füllen und schütteln, bis alles von dem Fett umhüllt ist. Auf dem vorbereiteten Backblech ausbreiten. Backen, dabei ein- oder zweimal wenden, bis die Röschen krosse, dunkel gebräunte Spitzen haben (etwa 20–30 Minuten). Mit Zitronenschnitzen und frischem Koriander servieren.

3 PORTIONEN GEMÜSE + OBST PRO PORTION

BLUMENKOHLSCHNITTEN MIT GRÜNE-GÖTTIN-DRESSING UND HASELNÜSSEN

ERGIBT 2 PORTIONEN

1 Kopf Blumenkohl

1 EL Kokosöl und etwas mehr zum Einfetten

Meersalz und frisch gemahlener schwarzer Pfeffer

gemahlener Kreuzkümmel zum Darüberstreuen

4 EL gehackte Mandeln oder Haselnüsse (vorzugsweise aktiviert, Seite 30)

1 EL Butter

2 EL geriebener Parmesan

125 ml Reste-Pesto (Seite 49), gemischt mit ½ Avocado oder 125 ml Grüne-Göttin-Dressing (Seite 48)

Den Backofen auf 220 °C vorheizen. Ein Backblech mit Backpapier auslegen und dieses einfetten.

Äußere Blätter des Blumenkohls entfernen, aber den Strunk ganz lassen. Blumenkohl auf ein Schneidebrett mit dem Strunk nach unten stellen. Nun aus der Mitte zwei 3 cm dicke Scheiben schneiden, schön gerade. Den Rest des Blumenkohls für das Püree (siehe unten) verwenden.

Sie können die Blumenkohl-Steaks auch grillen oder in der Pfanne garen – dann sollten vier bis fünf Minuten auf jeder Seite ausreichen.

Die Blumenkohlschnitten auf das vorbereitete Backblech legen und mit Öl einreiben. Großzügig mit Salz, Pfeffer und Kreuzkümmel würzen. Etwa 25–30 Minuten backen, bis der Blumenkohl gebräunt ist und die Strünke weich sind (zur Probe mit einem Messer einstechen); dabei nach 15 Minuten vorsichtig wenden. In den letzten zehn Minuten die Nüsse mit auf das Blech geben.

Derweil den restlichen Blumenkohl dämpfen (oder in der Mikrowelle garen), bis er weich ist. Mit der Butter und dem Parmesan in eine tiefe Schüssel füllen und mit einem Stabmixer glatt pürieren.

Das Püree auf einer Servierplatte verteilen und die Schnitten darauf anrichten. Das Dressing darüberträufeln und die Nüsse daraufstreuen.

4 PORTIONEN GEMÜSE + OBST PRO PORTION

PIKANTES GEMÜSE MIT KAPERN

ERGIBT 2 PORTIONEN

50 g Kokosöl oder Ghee und etwas mehr zum Einfetten

1 großer Kopf Brokkoli oder Blumenkohl (oder eine Mischung aus beiden), in kleine Röschen geschnitten, mit den Stielen

1 rote Zwiebel, halbiert und in dünne Spalten geschnitten

5 Knoblauchzehen, in feine Scheiben geschnitten

4 EL kleine Kapern (vorzugsweise in Salzlake)

½ TL Chiliflocken

½ TL Meersalz

etwa 70 g gekochte Quinoa (Seite 28) oder gekochter Buchweizen (Seite 29) oder 25 g Brotkrumen

25 g geriebener Parmesan

2 EL abgeriebene Zitronenschale

Wenn Sie eine Mischung aus Blumenkohl und Brokkoli verwenden, schneiden Sie die Blumenkohlröschen kleiner als die des Brokkoli!

Den Backofen auf 220 °C vorheizen. Ein Backblech mit Backpapier auslegen und dieses einfetten. In einer großen Schüssel Brokkoli und/oder Blumenkohl mit Zwiebel, Knoblauch, Kapern, Öl, Chiliflocken und Salz vermischen, dann auf dem vorbereiteten Backblech verteilen. Etwa 15 Minuten backen, dabei ein- bis zweimal wenden. Mit Quinoa, Buchweizen oder Brotkrumen bestreuen und noch einmal fünf bis zehn Minuten backen, bis alles schön goldbraun ist. Zum Servieren mit Parmesan und abgeriebener Zitronenschale bestreuen.

4 PORTIONEN GEMÜSE + OBST PRO PORTION

LIBANESISCHE PIZZA

ERGIBT 2 PORTIONEN

1 Kopf Brokkoli, grob zerkleinert, mit Stielen

180 g Cheddar (oder anderer Hartkäse)

4 EL Chiasamen

Meersalz und frisch gemahlener schwarzer Pfeffer

40 g Kokosöl, geschmolzen

½ rote Zwiebel, gehackt

1 Knoblauchzehe, gehackt

250 g Lamm- oder Rinderhack

1 TL Chiliflocken

1 TL gemahlene Koriandersamen

ZUM SERVIEREN

20 g grob gehackte glatte Petersilie

1 große Tomate, klein geschnitten

½ TL fein gehackter Gut-für-den-Darm-Knoblauch (Seite 220)

Zitronenspalten

Den Backofen auf 210 °C vorheizen und ein Backblech mit Backpapier auslegen.

Den Brokkoli in der Küchenmaschine zerkleinern, dann in eine Schüssel füllen. Den Käse mit der Pulse-Funktion in grobe Krümel zerkleinern. Käse zum Brokkoli geben, Chiasamen unterrühren und mit Salz und Pfeffer würzen. Die Mischung auf dem vorbereiteten Backblech zu einem dicken »Pizzaboden« formen. Mit 1 EL des Kokosöls beträufeln und 15 Minuten backen.

Derweil das übrige Kokosöl in einer großen Pfanne bei mittlerer Temperatur erhitzen und die Zwiebel darin ein paar Minuten anschwitzen. Die Temperatur auf mittelhoch schalten, den Knoblauch und das Hackfleisch hinzufügen und 2 Minuten braten. Chiliflocken und gemahlenen Koriander dazugeben und 2 weitere Minuten garen, bis die meiste Flüssigkeit verdampft ist.

Pizzaboden aus dem Ofen nehmen und Fleisch-Zwiebel-Mischung darauf verteilen. Wieder in den Ofen stellen und fünf Minuten backen. Zum Servieren Petersilie, Tomate und Knoblauch darüberstreuen und mit etwas Zitronensaft beträufeln.

VEGANE VERSION

Anstatt Lamm- oder Rinderhack veganes »Hackfleisch« (rechts) verwenden.

4 PORTIONEN GEMÜSE + OBST PRO PORTION

VEGANES »HACKFLEISCH«

ERGIBT 1 KG

Ja, Sie haben richtig gelesen – das ist nichts Genmanipuliertes, und der rauchige Fleischgeschmack ist wirklich bemerkenswert!

Für Tacos, Pizza oder Spaghetti. Nur nicht Saucen hinzugeben, weil es sich dann auflöst.

1 Kopf Blumenkohl, grob zerkleinert (mit den Stielen)

225 g Walnüsse

40 g Kokosöl

3 Knoblauchzehen, klein gehackt

½ TL geräuchertes Paprikapulver

2 TL gemahlener Kreuzkümmel

je 1 TL Meersalz und frisch gemahlener schwarzer Pfeffer

3 EL Tamari- oder Sojasauce

Den Backofen auf 180 °C vorheizen und ein Backblech mit Backpapier auslegen. Blumenkohl und Nüsse im Mixer zu einer reisähnlichen Konsistenz zerkleinern (nicht zu einem Pulver). In eine große Schüssel füllen und die übrigen Zutaten hinzufügen. Mit den Händen kneten, sodass alles gut vermischt ist. Gleichmäßig auf dem Backblech verteilen. Etwa 45–75 Minuten rösten, dabei etwa alle 20 Minuten das Blech rütteln, damit alles gleichmäßig bräunt. Abkühlen lassen, dann in 125-g-Portionen aufteilen, die sich im Tiefkühlfach bis zu drei Monaten halten.

1 PORTION GEMÜSE + OBST PRO PORTION

KOHL-HUMMUS

ERGIBT 725 ML

Dieses Rezept ergibt ein geniales Hummus aus Kohl.

1 Kopf Brokkoli oder Blumenkohl (oder eine Mischung), zerkleinert, inklusive der Stiele

3 Knoblauchzehen

4 EL Kokosöl, Olivenöl, Butter oder Ghee, geschmolzen

125 ml TMT-Dressing (Seite 47) oder 4 EL Tahin, gemischt mit dem Saft und der abgeriebenen Schale von einer Zitrone

½ TL gemahlener Kreuzkümmel

Meersalz und frisch gemahlener schwarzer Pfeffer

Stiele-Chips zum Servieren (optional)

Sie können den Brokkoli und/oder Blumenkohl leicht dämpfen und dann in einem Küchenhandtuch auswringen, um die Feuchtigkeit zu entfernen. So brauchen Sie nicht den Backofen anzuschalten!

Den Backofen auf 180 °C vorheizen. Brokkoli und/oder Blumenkohl und Knoblauch auf ein Backblech legen. 2 EL Öl, Butter oder Ghee darüberträufeln und 20 Minuten rösten, nach zehn Minuten wenden. Mit dem übrigen Öl, dem Dressing und dem Kreuzkümmel in der Küchenmaschine oder dem Mixer pürieren. Wenn die Masse zu trocken ist, mehr Öl hinzufügen, wenn sie zu feucht ist, Chiasamen. Mit Salz und Pfeffer würzen. Das Hummus hält sich im Kühlschrank bis zu einer Woche.

FÜR MEHR TEXTUR

160 g gekochte Kichererbsen und etwas mehr Dressing unterrühren.

1 PORTION GEMÜSE + OBST PRO PORTION

BROKKOLI-BUCHWEIZEN-TABOULÉ

ERGIBT 6 BEILAGEN

1 großer Kopf Brokkoli, grob zerkleinert (mit den Stielen)

4 EL Kürbiskerne (vorzugsweise aktiviert, Seite 30)

85 g aktivierter Buchweizen (Seite 29)

40 g glatte Petersilie, fein gehackt

40 g Minzeblätter, fein gehackt

½ rote Zwiebel, fein gehackt

125 ml Mayo mit Molke (Seite 44), verschlagen mit dem Saft und der abgeriebenen Schale von einer Zitrone

1 kleine Handvoll von etwas Kleinem, Rotem und Hübschem: Granatapfelkerne, essbare Blüten, rote Johannisbeeren, Gojibeeren (optional)

Den Brokkoli in der Küchenmaschine zu einer reisähnlichen Konsistenz verarbeiten. In eine große, hitzefeste Schüssel füllen, mit kochendem Wasser bedecken und drei bis vier Minuten stehen lassen. Abgießen, abkühlen lassen und wieder in die Schüssel füllen. Die Kürbiskerne in einer kleinen Pfanne bei mittlerer Temperatur trocken rösten und zusammen mit den übrigen Zutaten mit dem Brokkoli vermengen.

ALS GANZE MAHLZEIT

Mit hartgekochten, halbierten Eiern oder klein gezupftem Hühnerfleisch servieren.

1½ PORTIONEN GEMÜSE + OBST PRO PORTION

SCHNELLES ZUCCHINI-ZAZIKI

ERGIBT ETWA 500 ML

150 g geraspelte oder tiefgefrorene Zucchini

200 g vollfetter Bio-Naturjoghurt

2 Zehen Gut-für-den-Darm-Knoblauch (Seite 220) oder 2 TL fein gehackter Knoblauch oder ein anderes Ferment

1 EL Zitronensaft

Alle Zutaten in einem Glas vermischen. Hält sich im Kühlschrank zwei bis drei Tage.

½ PORTION GEMÜSE + OBST PRO PORTION

ZUCCHINI-SPAGHETTI CARBONARA

FÜR 2 PORTIONEN

500 g Zucchini (3–4 mittelgroße)

Meersalz

1 Ei und 1 Eigelb

25 g fein geriebener Parmesan und etwas mehr zum Servieren

frisch gemahlener schwarzer Pfeffer

20 g Butter

8 EL Bacon-Stücke (Seite 40) oder 3–4 Scheiben Bacon, Rinde entfernt, gewürfelt

Die Zucchini mit einem Spiralschneider oder einem Julienne-Schneider zu Spaghetti raspeln und in ein Abtropfsieb füllen. Mit etwas Salz bestreuen und zehn Minuten stehen lassen, damit die Flüssigkeit abläuft. Falls nötig behutsam mit einem Küchenhandtuch trocken tupfen, um überschüssige Feuchtigkeit zu entfernen.

In einer kleinen Schüssel das Ei, das Eigelb und den Parmesan gut vermischen. Mit frisch gemahlenem schwarzem Pfeffer würzen (je mehr, desto besser!). Die Butter in einer großen Pfanne bei mittelhoher Temperatur erhitzen, und die Bacon-Stücke darin ein bis zwei Minuten braten, bis sie heiß sind; bei frischem Bacon länger braten. Zucchini-Spaghetti hinzufügen und eine Minute mitgaren. Eimischung darübergießen und kurz schütteln, um die Spaghetti damit zu überziehen. Mit dem übrigen Parmesan bestreuen und sofort servieren.

DAS ÜBRIGE EIWEISS VERBRAUCHEN

Zum Beispiel für ein Omelette. Bis dahin können Sie es einfrieren: In einen Eiswürfelbehälter füllen und nach dem Gefrieren die Würfel in einem Beutel im Tiefkühlfach aufbewahren. Oder Sie nehmen 2 ganze Eier, dann haben Sie eine flüssigere Sauce.

Tipp für die »Pasta«

Die »Spaghetti« aus der Mitte der Zucchini reißen schnell. Wenn sie perfekt aussehen sollen, nicht aus der Mitte schneiden (diese für Zucchini-Butter einfrieren; siehe rechts).

1½ PORTIONEN GEMÜSE + OBST PRO PORTION

Zucchini als Nährstoff-Maximierer

Ein paar Zucchini raspeln, in 150-g-Portionen einfrieren und damit dann Nährstoffe hinzufügen. Die Zucchini lösen sich auf, sodass fast niemand Ihre Schummelei erkennt! Das geht bei Eintöpfen, Pastasaucen, Salaten, Smoothies, Muffins, Kuchen … Sie verstehen schon.

Beachten Sie jedoch, dass der Flüssigkeitsgehalt bei Backwaren dadurch höher wird. Daher nach dem Raspeln gut abtropfen (kräftig mit den Händen oder einem sauberen Geschirrtuch auswringen).

ZUCCHINI-BUTTER

ERGIBT ETWA 500 G

60 g Butter

2–3 Schalotten (oder 1 kleine Zwiebel), fein gehackt

2 EL Thymianblätter

1 kg Zucchini (4–5 große), grob geraspelt und ausgedrückt, um den Saft zu entfernen

Meersalz und frisch gemahlener schwarzer Pfeffer

Die Butter in einer großen Pfanne bei mittelhoher Temperatur erhitzen. Die Schalotten darin 15 Minuten dünsten, bis sie karamellisiert sind. Thymianblätter und Zucchini hinzufügen und mit Salz und Pfeffer würzen. 20 Minuten kochen, dabei ab und zu umrühren, bis die Masse um die Hälfte reduziert ist. Diese Butter hält sich im Kühlschrank bis zu einem Monat.

VIER ARTEN, ZUCCHINI-BUTTER ZU VERWENDEN

1. Auf einem Toastbrot.
2. Als Suppeneinlage.
3. Flöckchen auf Pasta.
4. Einem Salat zugefügt.

½ PORTION GEMÜSE + OBST PRO PORTION

EINE DICKE ROTE BETE

HÜBSCH AUF EINEN TELLER GELEGT

ERGIBT 6 PORTIONEN

6 große Rote Beten

Kokosöl, geschmolzen, zum Beträufeln

Meersalz und frisch gemahlener schwarzer Pfeffer

Basilikum, gehackt, zum Garnieren

Den Backofen auf 180 °C vorheizen. Rote Bete waschen und trocknen und auf ein Backblech legen. Mit Kokosöl beträufeln und mit Salz und Pfeffer würzen. 30–40 Minuten backen. Man überprüft, ob die Beten gar sind, indem man nach 30 Minuten ein Messer in die Mitte der größten steckt; wenn es leicht hineingleitet, sind die Knollen durchgebacken. Abkühlen lassen. Stielansatz abschneiden und falls gewünscht pellen – die Haut lässt sich leicht entfernen. Saft der Roten Bete in einem kleinen Topf bei mittelhoher Temperatur etwas reduzieren und mit den Roten Beten servieren.

AUFHÜBSCHEN
Mit Mayo mit Molke (Seite 44) oder selbst gemachtem Frischkäse (Seite 42) beträufeln – mit einem Spritzbeutel oder einer Plastiktüte, bei der man eine Ecke abschneidet – und mit essbaren Blüten dekorieren.

Ich esse die Haut mit oder lege sie auf ein Sandwich.

2 PORTIONEN GEMÜSE + OBST PRO PORTION

ROTE-BETE-HALVA

ERGIBT 6 PORTIONEN

Halva ist eine ursprünglich indische Süßspeise, die häufig mit gesüßter Kondensmilch gemacht wird. Ich stelle hier eine sehr viel nahrhaftere Version vor.

75 g Ghee oder Butter

3 große Rote Beten, geputzt, gebürstet und geraspelt

600 ml Milch (jede Art, aber möglichst vollfett)

4 EL Reissirup

1 TL gemahlener Kardamom

125 g Pistazien oder Cashewnüsse, aktiviert (Seite 30) oder geröstet und klein gehackt

Ghee oder Butter in einem Topf mit schwerem Boden bei niedriger Temperatur schmelzen. Rote Bete hinzufügen und fünf Minuten sanft dünsten. Milch angießen und zum Kochen bringen. Temperatur herunterschalten, und unter gelegentlichem Rühren etwa 20 Minuten köcheln lassen (je nach Flüssigkeitsgehalt der Roten Beten kann es auch länger dauern), bis die Mischung dick wird und beginnt, glänzend auszusehen.

Den Reissirup hinzufügen, und ein paar Minuten ständig rühren, um ein Anbrennen zu verhindern. Kardamom einstreuen, und weiter unter ständigem Rühren köcheln lassen, bis die Flüssigkeit verdampft und die Mischung dick und glänzend ist und beginnt, sich von den Seiten des Topfes zu lösen. In Servierschüsseln gießen, mit Nüssen besprenkeln und warm oder gekühlt servieren.

1½ TL ZUGESETZTER ZUCKER PRO PORTION — Sie können auch weniger Reissirup oder stattdessen 1 TL Stevia nehmen.

1 PORTION GEMÜSE + OBST PRO PORTION

SALAT MIT ROTE-BETE-STIELEIS

ERGIBT 6 PORTIONEN

Den habe ich an meinem 40. Geburtstag gemacht; er basiert auf einem Gericht, das Colin Fassnidge in seinem vielbeachteten Restaurant 4Fourteen in Sydney zubereitete. Wie Colin mir über Twitter mitteilte, benutzt er mein erstes Kochbuch als Türstopper. Ich sehe das als Kompliment.

WAS TUN MIT DEN GRÖSSEREN, HÄRTEREN ROTE-BETE-BLÄTTERN?
Machen Sie damit massierte Rote-Bete-Blätter (Seite 25) – finde ich am besten – oder Reste-Pesto (Seite 49).

3 Rote Beten, geputzt, geschält und in 2 cm große Stücke geschnitten

100 g Himbeeren, tiefgefroren

2 EL Zitronensaft

2 Gelbe Beten (wenn Sie keine finden, nehmen Sie 2 große Karotten)

3 Handvoll Blätter von kleinen Roten Beten oder Rucolablätter

4 EL Walnüsse (vorzugsweise aktiviert, Seite 30), grob gehackt

1 EL Apfelessig

1 EL Olivenöl extra vergine

1 Prise Salz

In einem zugedeckten Topf die Roten Beten mit Wasser bedeckt zum Kochen bringen und etwa 20 Minuten kochen, bis sie weich, aber nicht zu weich sind. Abgießen und den wertvollen, leuchtend roten Saft auffangen. 350 ml des Rote-Bete-Safts mit den Himbeeren und dem Zitronensaft glatt pürieren. In sechs Stieleisformen gießen und im Tiefkühlschrank sechs Stunden gefrieren lassen.

Wenn Sie Ihre Gelben Beten oder Karotten etwas knuspriger mögen, braten Sie sie kurz in der Pfanne mit etwas Kokosöl.

Die Gelben Beten in superdünne Scheiben schneiden (mit der Mandoline, falls vorhanden) oder die Karotte mit dem Gemüseschäler (oder der Mandoline) in lange Streifen schneiden. Mit den erkalteten Rote-Bete-Stücken, den Blättern und den Walnüssen in eine Servierschüssel geben und vorsichtig mit Essig, Olivenöl und Salz vermischen.

Zum Servieren die Eislollis aus den Formen nehmen, indem man diese kurz unter heißes Wasser hält, und dann auf dem Salat anrichten.

2 PORTIONEN GEMÜSE + OBST PRO PORTION

KOCHEN WIE
GROSSMUTTER

Übrigens: Wenn ich auf einer einsamen Insel festsäße und mich für ein einziges Lebensmittel entscheiden müsste, wären das INNEREIEN – sie sind 100-mal nahrhafter als Muskelfleisch.
Ein Kapitel mit INNEREIEN + günstigen Fleischstücken
Leber
Nieren
Bries
Backen
Brust
Saumfleisch
Kamm
Keule
Denn sehr oft wusste Oma es wirklich am BESTEN.

MAMAS STEAK- UND NIERENEINTOPF MIT KRÄUTERKLÖSSEN

ERGIBT 6 PORTIONEN

Mamas Originalrezept stammt aus einem kleinen Kochbuch, das ihr Metzger ihr schenkte, als sie mit 21 Jahren heiratete. Darin wird empfohlen, billige Fleischstücke zu verwenden und bei jeder Mahlzeit, auch zum Frühstück, ein wenig Fleisch zu essen (und Zucker und Kohlenhydrate zu begrenzen!). Diese Prinzipien waren im Essen meiner frühen Jahre vorherrschend.

Ich habe das Rezept etwas erweitert; für die, die nicht an den Geschmack von Nierchen gewöhnt sind, habe ich Pilze zugegeben – sie überdecken ihn etwas –, und für einen extra Großmutter-Effekt habe ich Klöße hinzugefügt.

Warum Mama uns Nieren essen ließ

* Sie enthalten viel Eisen: eine Niere (etwa 85 g) = täglicher Eisenbedarf von Frauen = 5 Beutel Babyspinat.
* Sie enthalten sehr viel Selen, ein Antioxidans, das die Schilddrüsenfunktion unterstützt und hilft, Gewebeschäden zu verhindern.
* Und sie sind unglaublich preiswert.

Kaufen Sie Ihre Nieren schon enthäutet.

1 Zwiebel, in Ringe geschnitten

115 g Pilze, klein geschnitten (jede Art ist okay)

2 Knoblauchzehen, in dünne Scheiben geschnitten

1 kg Rindfleisch für Eintöpfe, in Würfel geschnitten

2–4 Lammnieren (oder eine Ochsenniere), gesäubert (das Weiße in der Mitte mit einem kleinen Messer entfernt) und in Würfel geschnitten

2 EL Mehl (eventuell glutenfrei)

¼ TL Meersalz

½ TL frisch gemahlener schwarzer Pfeffer

½ TL getrocknete gemischte Kräuter oder getrockneter Rosmarin

175 ml selbst gemachte Rinderbrühe (Seite 38) oder Wasser

etwa 750 g gedämpfte grüne Gemüse (grüne Bohnen, Zucchini, Brokkoli oder tiefgefrorene Erbsen) zum Servieren

KRÄUTERKLÖSSE

25 g Butter

300 g Mehl (eventuell glutenfrei), vermischt mit 3 TL Backpulver und ½ TL Meersalz

1 EL Thymian, gehackt

1 EL glatte Petersilie, gehackt

1 EL vollfette Milch

Zwiebel, Pilze, Knoblauch, Rindfleisch und Nieren in den Topf des Schongarers füllen. Mehl, Salz, Pfeffer und Kräuter hinzufügen und verrühren, um das Fleisch damit zu bedecken. Brühe oder Wasser darübergießen und auf niedriger Stufe acht bis zehn Stunden oder auf hoher Stufe vier bis fünf Stunden kochen.

Für die Kräuterklöße mit den Fingerspitzen die Butter in die Mehlmischung reiben, bis die Masse feinen Brotkrumen ähnelt. Kräuter und Milch hinzufügen und zu einem weichen Teig verarbeiten. Zu kleinen Bällen formen.

Eine halbe Stunde vorm Servieren den Deckel des Schongarers entfernen und die Klöße auf den heißen Fleischeintopf legen. Mit Backpapier bedecken und den Deckel wieder auflegen. Auf hoher Stufe etwa 30 Minuten kochen, bis die Klöße gar sind. Mit gedämpftem Gemüse servieren.

1½ PORTIONEN GEMÜSE + OBST PRO PORTION

PS Diese Teller habe ich vor
22 Jahren aus dem Müll gefischt
und seitdem reisen sie mit mir.

COQ-AU-VIN-PASTETE FÜR ANFÄNGER

ERGIBT ETWA 700 G

Anfänger im Umgang mit Leber? Dann ist dies das Gericht für Sie. Peppen Sie Ihr erstes (oder 50.) Mal mit Bacon und Pilzen auf. Diese sehr französischen Aromen funktionieren vor allem, weil … nun ja, weil die Franzosen sich mit Geschmack auskennen.

Ich wickle diese Pastete in ein Salatblatt und esse sie oft zum Frühstück. Wirklich wahr.

Bitten Sie Ihren Metzger, sie für Sie zu säubern. Wahrscheinlich wird er sich freuen, einem neuen Leberliebhaber helfen zu können.

500 g gesäuberte Hühner- oder Entenleber (oder eine Mischung)

100 g Butter

1 Scheibe Bacon, in kleine Stücke geschnitten

1 kleine Zwiebel (oder 1 Stange Lauch oder ¼ Bund Frühlingszwiebeln), klein gehackt

250 g Pilze (beliebige Art; ich mag Portobello), klein geschnitten

2 Knoblauchzehen, klein gehackt

1 EL gehackter Thymian

2 TL gehackter Salbei

Meersalz und frisch gemahlener schwarzer Pfeffer

125 ml trockener Weißwein (oder Wermut, Scotch oder Brandy)

Wunderbar gruselige Arbeit. Schwelgen Sie darin.

Die Lebern von zähem Bindegewebe säubern, und darauf achten, dass der Metzger kein grünes Material drangelassen hat (bei der Hühnerleber ist es die Gallenblase, bei der Entenleber die Galle).

Die Butter bei mittlerer Temperatur in einer Pfanne schmelzen. Bacon und Zwiebel, Lauch oder Frühlingszwiebeln darin unter gelegentlichem Rühren goldbraun dünsten. Pilze, Leber, Knoblauch und Kräuter hinzufügen und mit Salz und Pfeffer nach Geschmack würzen. Unter gelegentlichem Rühren dünsten, bis die Lebern gebräunt und innen nur noch schwach rosa sind (etwa fünf Minuten). Alles in den Mixer oder ein Gefäß für den Stabmixer geben.

Den Bratensatz in der Pfanne mit dem Wein ablöschen, dabei die braunen Stückchen vom Pfannenboden abkratzen. Etwa eine Minute kochen, um die Flüssigkeit etwas zu reduzieren, dann zu der Lebermischung in den Mixer geben und alles zu einer sehr glatten Masse pürieren.

Die Pastete in eine Schüssel oder ein Glas füllen. Abkühlen lassen, dann mit Haushaltsfolie bedecken, und die Folie auf die Oberfläche der Pastete drücken, damit sie nicht oxidiert. Pastete mit Gemüsesticks oder Kräckern servieren oder einfach in ein grünes Blatt einrollen. Sie hält sich im Kühlschrank drei Wochen und im Tiefkühlfach drei Monate.

Leber: DAS Superfood

Leber ist das Lebensmittel mit der größten Nährstoffdichte auf dem Planeten. Sie enthält Gramm für Gramm mehr Nährstoffe als jedes andere Lebensmittel:

* dreimal mehr Cholin als ein Ei
* 17-mal mehr Vitamin B_{12} als rotes Fleisch
* 1400-mal mehr Vitamin A als rotes Fleisch

Man kann die Oberfläche der Pastete mit etwas geschmolzener Butter bedecken, um das Braunwerden zu verhindern – ich mache mir nicht die Mühe.

½ PORTION GEMÜSE + OBST PRO PORTION

Coq au Vin
so französisch!
Thymian
+
Salbei
Zwiebel
Knoblauch
Wein
denn Bacon macht
Leber alles besser!
Pilze

CHINESISCHE RINDERBÄCKCHEN

ERGIBT 6 PORTIONEN

Dies ist ein superreichhaltiges Gericht voller Geschmack, der durch das Marinieren noch intensiver wird. Servieren Sie es mit Reis oder Quinoa und viel gedämpftem Gemüse, um die Reichhaltigkeit auszubalancieren.

Rinderbäckchen sind randvoll mit Gelatine – supergut für die Darmgesundheit.

5 Rinderbacken (1–1,3 kg)

1 Bund Frühlingszwiebeln, fein gehackt (ein paar grüne Spitzen zum Garnieren aufheben)

5 Knoblauchzehen, klein gehackt

4 cm langes Stück Ingwerwurzel, gerieben

1 rote Bird's Eye Chili (sehr scharf), in dünne Ringe geschnitten

1 TL Fünf-Gewürze-Pulver

1 TL Steviagranulat (optional)

4 EL chinesischer Reiswein oder trockener Weißwein

4 EL Soja- oder Tamarisauce (vorzugsweise salzreduziert)

150 g Pilze, in Scheiben geschnitten (Shiitake oder Portobello)

125 ml selbst gemachte Rinderbrühe (Seite 38)

gekochte Quinoa (Seite 28) oder gedämpfter Reis zum Servieren

etwa 750 g gedämpftes Gemüse

Am Abend vorher: Das Fett von den Backen entfernen (es kann ziemlich dick sein) und jede Rinderbacke in zwei oder drei gleichmäßig große Stücke schneiden. Zusammen mit allen anderen Zutaten bis auf Pilze, Brühe, Gemüse und das Frühlingszwiebelgrün zum Garnieren in den Topf des Garkochers füllen und vermengen. Zudecken und über Nacht in den Kühlschrank stellen.

Morgens: Die Pilze auf die Rinderbackenmischung legen und die Brühe zusammen mit 350 ml Wasser darübergießen. Auf niedriger Stufe sieben Stunden oder auf hoher Stufe dreieinhalb Stunden garen.

Vorm Servieren die aufgehobenen Frühlingszwiebelspitzen in lange, dünne Streifen schneiden und eine Minute in Eiswasser tauchen, damit sie sich wellen (falls gewünscht). Die Rinderbacken mit den Frühlingszwiebelspitzen garnieren und mit Quinoa oder Reis und gedämpftem Gemüse servieren.

2½ PORTIONEN GEMÜSE + OBST PRO PORTION

Rinderbacken stammen vom Kopf des Rinds, nicht vom Hinterteil.

»SÜSSE« TACOS MIT KOHLSALAT

ERGIBT 6 PORTIONEN

Hier wird Bries verwendet, der gastronomische Name für die Thymusdrüse junger Tiere. (Muss man den Kindern ja nicht sagen.) Bries schmeckt, ist ein feuchtes Fleisch und verleiht salzigen Gerichten wie Tacos einen tollen Geschmack und mehr Masse. Die meisten guten Metzger haben es oder besorgen es für Sie.

Bries

Bries ist reich an Spurenelementen wie Zink und Selen, die Entzündungen reduzieren, die Immunität stärken, den Verdauungsprozess fördern und den Blutzucker senken sollen. Es gart schnell und ist sehr nachsichtig, weil man es kaum zerkochen kann. Um die Reichhaltigkeit dieses Fleisches auszubalancieren, servieren viele Rezepte Bries mit einer sauren Sauce, in der Zitronen oder Kapern die Hauptrolle spielen.

2 Zwiebeln, fein gehackt

4 Knoblauchzehen, zerdrückt

1 grüne Paprikaschote, klein geschnitten

1 Bund Korianderstiele, fein gehackt (Blätter zum Garnieren aufheben)

1 kg Rinderbrust

400 g Bries, in 1,5 cm große Würfel geschnitten

1½ EL Tomatenpüree

1 TL Cayennepfeffer

1 TL getrockneter Oregano

1½ TL gemahlener Kreuzkümmel

175 ml selbst gemachte Rinderbrühe (Seite 38)

2 Zucchini, geraspelt — oder Zucchini-Eiswürfel (Seite 26)

12 Taco Shells oder Burrito Wraps

ZUM SERVIEREN

Avocado, in Scheiben geschnitten

Einfacher Kohlsalat (siehe unten)

Saure Sahne, vollfetter Bio-Naturjoghurt oder geriebener Käse

Gemüse bis auf Zucchini und Korianderstiele in den Topf des Schongarers füllen. Rinderbrust und Bries darauflegen. Tomatenpüree, Cayennepfeffer, Oregano und Kreuzkümmel hinzufügen und dann die Brühe über das Ganze gießen. Zudecken und auf niedriger Stufe acht bis neun Stunden oder auf hoher Stufe vier bis fünf Stunden garen.

Das Brustfleisch herausnehmen und auseinanderzupfen. Das klein gezupfte Fleisch zusammen mit den Zucchini zurück in den Schongarer geben und ohne Deckel auf hoher Stufe 20 Minuten garen. Fleisch, Avocado, Kohlsalat, saure Sahne und Korianderblätter (oder welche Zutaten Sie bevorzugen) in Servierschälchen in der Mitte des Tisches anrichten. Taco Shells oder Burrito Wraps erhitzen und jeden Esser seinen Taco oder Burrito selbst füllen lassen.

EINFACHER KOHLSALAT

500 g abgepackte Kohlsalatmischung oder 2 große Karotten und ½ roter oder weißer Kohlkopf, geraspelt

125 ml Dressing (Mayo mit Molke (Seite 44), Powerhouse-Dressing (Seite 47) oder was Sie dahaben)

Vermischen und los geht's.

2 PORTIONEN GEMÜSE + OBST PRO PORTION

Das ist ein Stück Bries.

LAMM-BIRNE-HACKBRATEN

ERGIBT 6 PORTIONEN

Meine Mama briet uns am Wochenende oft Leber mit Bacon und Pilzen, und ich liebte dieses Gericht. Leber muss kurz gebraten werden, sonst wird sie zäh. Deswegen wird sie oft allein gegessen (also nur die Scheibe Innerei). Wenn Sie das abschreckend finden, versuchen Sie meinen Tipp, der von meinem Metzger stammt: Er dreht frisches Lammfleisch und frische Lammleber zusammen durch. Das wird Ihr Metzger sicher auch für Sie tun. Und dann können Sie das zusammen in diesen etwas abgewandelten Hackbraten stecken.

Riesig gute Innereien

- Organfleisch enthält 10–100-mal mehr Nährstoffe als Muskelfleisch.
- Und wieso hört man immer wieder, dass Fleisch mit Krebs und frühem Tod in Zusammenhang stehen soll? Nun, das Methionin im Muskelfleisch (Stücke ohne Knochen und Organe) wird mit so Schrecklichem in Zusammenhang gebracht. Dagegen haben Innereien (wie auch Fleischknochen und -haut) einen hohen Gehalt an Glycin, das das übermäßige Methionin in Muskelfleisch allemal ausgleicht.
- Innereien haben auch einen hohen Gehalt an Vitamin B_6 und B_{12}, Folsäure, Betain und Cholin, die zusammenwirken, um das Methionin auszugleichen.
- Die Lehre lautet also: Esst das ganze Tier, Leute.

Wenn Ihre Mischung zu feucht ist, geben Sie 1–2 EL Chiasamen (oder mehr Mandelmehl) hinzu, und lassen Sie sie zehn Minuten stehen, damit sie die Feuchtigkeit aufnehmen können.

Butter oder Ghee zum Einfetten

3 EL Mandelmehl

500 g Lammleber, durchgedreht, zusammen mit

500 g Lamm- oder Schweinefleisch, durchgedreht

1 Zucchini, geraspelt und in einem sauberen Geschirrtuch ausgedrückt, um die Feuchtigkeit zu entfernen

1 Birne oder 1 Apfel, geschält, entkernt und geraspelt, und ein paar Scheiben zum Garnieren

115 g Pilze, gewürfelt (beliebige Art)

1 Zwiebel, klein gewürfelt

1 EL gehackte Salbei- oder Thymianblätter und mehr Salbeiblätter zum Garnieren

1 TL gemahlene Senfsamen oder 1 EL Dijon-Senf

2 Knoblauchzehen, fein gehackt

2 große Eier

Meersalz und frisch gemahlener schwarzer Pfeffer

4 Scheiben Bacon

Rosenkohl-Pecorino-Salat (Seite 203) oder anderen Blattsalat zum Servieren

Den Backofen auf 200 °C vorheizen und eine 23 cm × 13 cm große Brotbackform leicht einfetten.

Alle Zutaten bis auf den Bacon, die Salbeiblätter und die Apfel- bzw. Birnenscheiben in einer großen Schüssel gut vermischen und die Mischung dann in die eingefettete Form drücken. Die Bacon-Scheiben obenauf legen, die Enden der Scheiben an den Rändern nach unten schieben, wenn sie zu lang sind. Die Birnen- oder Apfelscheiben auf den Bacon legen und die Salbeiblätter darüber verteilen. 45 Minuten backen und heiß oder kalt mit dem Rosenkohl-Pecorino-Salat (oder einem anderen Blattsalat aus diesem Buch) servieren. Übrig gebliebene Scheiben des Hackbratens mit dazwischen gelegtem Backpapier einfrieren. Sie halten sich im Tiefkühlschrank bis zu drei Monaten.

ALS VORRAT

Das Rezept verdoppeln und in zwei Backformen backen. Einen Braten in der Form (mit einem Tiefkühlbeutel abgedeckt) einfrieren. Er hält sich bis zu drei Monaten. Wenn er verzehrt werden soll, einfach die Form mit dem Braten in den vorgeheizten Backofen stellen und ein bis eineinhalb Stunden backen.

2 PORTIONEN GEMÜSE + OBST PRO PORTION

Nach dem Shooting für dieses Foto habe ich die Chips zusammen mit KAROTTENGRÜN in Radicchio gewickelt – eine Geschmackssensation!
Chips aus Süßkartoffelschalen (Seite 25)
Karottengrün ist eine super Garnierung

HÜHNER-
KNUSPERSALZ

Oft habe ich mich gefragt: »Was passiert eigentlich mit der vielen Hühnerhaut, die sträflicherweise von Hühnerfleisch entfernt wird, weil alle Leute Hühnerbrust ohne Haut haben wollen?« So traurig es ist, sie wird weggeworfen. Glücklicherweise habe ich ein Mittel gegen diese unerfreuliche Wahrheit. Darauf brachte mich mein Freund Aaron von der Cateringfirma Studio Neon in Sydney, als er mir zu meinem 40. Geburtstag dieses Produkt aus Hühnerhaut mitbrachte. Gott, hat mich das glücklich gemacht ... Fett, Salz und Reststücke – alles in einer Mischung! Was ich an diesem Rezept außerdem mag: Es bringt Sie dazu, zu Ihrem Metzger zu gehen und ihn um einen Gefallen zu bitten – nämlich die Hühnerhaut für Sie aufzuheben. Erzwungenes achtsames menschliches Engagement: Darum geht es bei echten Lebensmitteln und echtem Essen.

200 g Hühnerhaut

200 g Meersalz guter Qualität

In einem kleinen Topf bei hoher Temperatur Wasser zum Kochen bringen. Hühnerhaut hinzufügen, Temperatur reduzieren und zehn Minuten köcheln. Abgießen und Haut etwas abkühlen lassen. Während sie noch warm ist, mit einem Löffel oder einem Buttermesser alles noch übrige Fett, das sich an der Unterseite der Haut befindet, abkratzen.

Die Hühnerhaut auf einem über ein Backblech gelegten Drahtgitter flach ziehen. Ein anderes Drahtgitter auf die Haut legen (dadurch fliegt sie nicht umher, wenn sie sich hochwölbt und Sie einen Backofen mit Umluft haben). Etwa 10–15 Minuten backen, bis die Haut braun und knusprig ist. Die Haut wird sich weiter wölben, wenn sie sich abkühlt.

Die Hühnerhaut ein wenig klein brechen, in einen Mörser geben und zusammen mit dem Salz mit einem Stößel zerdrücken (oder Sie nehmen einen Stabmixer, dann aber aufpassen, dass kein feiner Puder entsteht – wir wollen eine etwas krümelige Textur). In ein verschließbares Glas oder ein Plastikgefäß füllen. Hält sich in der Speisekammer zwei Wochen.

ALS SUPPENEINLAGE
Salz und das Zerbrechen und Zerdrücken weglassen und abgebrochene Stücke in eine Suppe oder auf einen Salat geben.

①
②Nicht zerkrümmeln und die Haut so verwenden

RINDFLEISCH IN BIER MIT PÜREE

ERGIBT 6 PORTIONEN

Die örtliche Kneipe auf einem Teller, meisterhaft in nur einem Topf gebraut (und nur eineinhalb Minuten Abwasch erforderlich).

Bier + Fleisch = gut !!
Eine neuere Studie hat ergeben, dass während des Kochens von in Bier mariniertem Fleisch die produzierten Karzinogene erheblich reduziert werden.

600 g Pastinaken (oder Kartoffeln oder Süßkartoffeln), geschält und in 3 cm große Stücke geschnitten

2 Zwiebeln, fein gewürfelt

1–1,2 kg Rinderbrust, überschüssiges Fett abgeschnitten

1½ EL Dijon-Senf

frisch gemahlener schwarzer Pfeffer

Salz

3 Zweige Thymian

2 Lorbeerblätter

125 ml Bier (vorzugsweise eins mit einem malzigen Geschmack)

3 große Handvoll grüne Bohnen, geputzt

1 großes Stück Butter

Pastinaken oder Kartoffeln oder Süßkartoffeln und die Zwiebeln auf den Boden des Schongarertopfes füllen. Das Rindfleisch mit Senf bestreichen, mit Salz und Pfeffer würzen und auf das Gemüse legen. Thymian und Lorbeerblätter hinzufügen und das Bier darübergießen. Zudecken und auf niedriger Stufe acht bis zehn Stunden oder auf hoher Stufe vier bis fünf Stunden garen.

In den letzten 15 Minuten die grünen Bohnen über dem Fleisch verteilen. Wieder zudecken und auf hoher Stufe garen, bis die Bohnen weich sind.

Das Fleisch und die gedämpften Bohnen aus dem Schongarer nehmen und beiseitestellen. Mit zwei Gabeln das Fleisch auseinanderrupfen. Den größten Teil der Sauce aus dem Topf abgießen und beiseitestellen.

Sie können die Sauce andicken, indem Sie sie in einem kleinen Topf erwärmen und 1 EL Pfeilwurzel- oder ein anderes Mehl einrühren. →

Die Butter in den Topf zu dem Gemüse geben und mit Salz und Pfeffer würzen. Mit einem Kartoffelstampfer das Gemüse zu einem Püree stampfen, eventuell etwas von der beiseitegestellten Sauce hinzufügen. Das Fleisch mit dem Püree und den Bohnen servieren. Die übrige Sauce darüberträufeln.

2 PORTIONEN GEMÜSE + OBST PRO PORTION

Rob (der Fotograf)
Ich hab hier Pastinaken genommen!
Dave (der Foodstylist)

WUNDER

AUS EINEM TOPF

Komplette Gerichte in nur einem Topf,
in einer Pfanne oder auf nur einem Backblech
ZACK - Essen ist fertig!

DREIMAL FLEISCHKLÖSSE

Eine große Menge zubereiten, roh einfrieren + für diese Rezepte verwenden…

1. SPAGHETTI MIT FLEISCHKLÖSSCHEN AUS EINEM TOPF

Und wie steht's mit Rotwein?
Antwort: Seite 238

3. SCHWEDISCHE FLEISCHKLÖSSCHEN
MIT ERDBEER-CHIA-MARMELADE

2. GRÜNE SPAGHETTI MIT FLEISCHKLÖSSCHEN

Rezepte nächste Seite ↗

Zuerst machen Sie Ihre

FLEISCH-KLÖSSCHEN

ERGIBT ETWA 80 KLEINE KLÖSSCHEN (16 PORTIONEN)

und dann machen Sie daraus

1 kg frisches Hackfleisch

1 Zwiebel, klein gehackt

Rind, Huhn, Lamm, Pute oder Schwein

½ Bund glatte Petersilie oder Basilikum, Blätter fein gehackt

je 1 TL Meersalz und frisch gemahlener schwarzer Pfeffer

Olivenöl zum Braten

Alle Zutaten in einer großen Schüssel mit den Händen gut vermengen. Aus der Masse mit feuchten Händen walnussgroße Bälle formen.

Fürs Einfrieren: Ein Backblech mit Backpapier auslegen. Die rohen Bälle darauf in einer Lage verteilen und etwa zwei Stunden in den Tiefkühlschrank stellen, bis sie gefroren sind. In mahlzeitgerechte Portionen (5 pro Person) in Gefrierbeutel füllen und im Tiefkühlschrank aufbewahren.

Um die Fleischklößchen gleich zu machen: Etwas Olivenöl bei mittlerer Temperatur in einer Bratpfanne erhitzen und die Fleischbällchen darin von allen Seiten braten (insgesamt etwa fünf bis acht Minuten). Pfanne vom Herd nehmen, Deckel auflegen und vorm Servieren ein paar Minuten stehen lassen.

FÜR DIE EIGENE MISCHUNG

Zu dem Rezept 1 TL gemahlenen Kreuzkümmel oder Fenchelsamen (toll bei Schweinehack) oder 1 TL Oregano (toll bei Lamm) hinzufügen.

Tipps für Hackfleisch

* Eine große Menge kaufen, wenn es im Angebot ist, in mahlzeitgerechte Portionen teilen und einfrieren.
* Ihr Hackfleisch ist braun? Das macht nichts. Es ist einfach noch keinem Sauerstoff ausgeliefert gewesen. Lassen Sie es auf der Arbeitsfläche stehen, und es wird wieder rosa.
* Zum Einfrieren platt drücken; im Kühlschrank auftauen und nicht wieder einfrieren (es sei denn, es wird vorher gebraten).
* Burger während des Bratens nicht mit dem Pfannenwender flach drücken, sonst werden Saft und Geschmack herausgedrückt. Auch nicht Löcher mit der Gabel hineinpiken.
* RESPEKTIEREN SIE IHR HACKFLEISCH!

1. SPAGHETTI MIT FLEISCHKLÖSSCHEN AUS EINEM TOPF

ERGIBT 2 PORTIONEN

Dieses Rezept bricht alle Regeln. Alles wird in einem Topf gemacht. Die Pasta braucht nicht extra gekocht zu werden, die Fleischbällchen nicht aufgetaut. Die Stärke in den Spaghetti wird nicht herausgelöst, so bekommt die Pasta eine besondere Textur, die Kinder besonders mögen.

600 ml Nomatensauce (Seite 45) oder passierte Tomaten

1 TL getrocknete Petersilie (oder 1 EL glatte Petersilie, gehackt)

1 TL getrocknetes Basilikum oder Oregano

¼ TL Fenchelsamen

Wenn Sie gekaufte passierte Tomaten nehmen, mit Wasser verlängern (3:1), um den Zuckergehalt zu reduzieren.

Meersalz und frisch gemahlener schwarzer Pfeffer

10 tiefgefrorene Fleischklößchen

100 g Spaghetti (nach Wunsch glutenfrei)

fein geriebener Parmesankäse zum Servieren (optional)

Nomatensauce oder passierte Tomaten mit 250 ml Wasser in einem großen Topf bei hoher Temperatur zum Kochen bringen. Petersilie, Basilikum oder Oregano und Fenchelsamen einrühren und nach Geschmack mit Salz und Pfeffer würzen. Die gefrorenen Fleischbällchen dazugeben und die Temperatur auf mittelhoch reduzieren. (Die Fleischbällchen sollten von der Sauce gerade bedeckt werden.)

Ohne Deckel 20 Minuten köcheln lassen.

Spaghetti in der Mitte durchbrechen und in den Topf geben. Umrühren, damit sie von der Sauce bedeckt sind. Ohne Deckel etwa zwölf Minuten kochen, bis die Pasta weich ist. (Zwischendurch rühren, damit sie nicht am Boden anklebt.) Wenn die Sauce zu trocken wird, 250 ml kochendes Wasser hinzufügen. Mit Parmesan servieren und nach Wunsch noch einmal Pfeffer darübermahlen.

MEHR NÄHRSTOFFE?

In den letzten fünf Minuten 150–300 g geraspelte Zucchini und ein paar Würfel tiefgefrorenes Kürbispüree (Seite 25) zugeben.

2½ PORTIONEN GEMÜSE + OBST PRO PORTION

2. GRÜNE SPAGHETTI MIT FLEISCHKLÖSSCHEN

ERGIBT 2 PORTIONEN

1 EL Kokosöl, Olivenöl, Butter oder Ghee

10 Fleischklößchen, aufgetaut

75 ml Reste-Pesto (Seite 49) oder Grüne-Göttin-Dressing (Seite 48)

1 Avocado

2–3 Zucchini

Meersalz und frisch gemahlener schwarzer Pfeffer

Chiliflocken zum Servieren (optional)

Parmesanspäne zum Servieren (optional)

Kokosöl, Butter oder Ghee bei mittelhoher Temperatur in einer großen Bratpfanne erhitzen. Die Fleischklößchen darin fünf bis acht Minuten braten, bis sie gebräunt und durchgegart sind. Derweil das Pesto oder das Dressing zusammen mit der Avocado in der Küchenmaschine (oder im Becher mit dem Stabmixer) zu einer glatten Masse pürieren.

Mit einem Spiralschneider, einem Julienne-Schäler, einer Mandoline oder einer Raspel aus den Zucchini »Spaghetti« machen. In einen Topf füllen und eine Minute lang mit kochendem Wasser bedecken (oder, wenn Sie mögen, roh lassen). Abgießen, dann die Avocadosauce unterrühren. Mit Salz und Pfeffer würzen und nach Wunsch mit Chiliflocken und Parmesanspänen garnieren.

UND NOCH NÄHRSTOFFREICHER

100 g klein gehackte Babyspinatblätter oder ein paar Würfel vorgekochten und tiefgefrorenen Spinat oder Grünkohl (Seite 24) unterrühren.

3 PORTIONEN GEMÜSE + OBST PRO PORTION

3. SCHWEDISCHE FLEISCHKLÖSSCHEN

ERGIBT 2 PORTIONEN

1 Knollensellerie, geschält

1 EL Butter

10 Fleischklößchen, aufgetaut

1½ TL Kümmelsamen

½TL gemahlenes Piment

350 ml Milch (beliebige Art)

2 EL Maismehl

4 EL gehackter Dill und noch etwas zum Servieren

Meersalz und frisch gemahlener schwarzer Pfeffer

100 g Babyspinat

Saft von ½ Zitrone und Zitronenschnitze zum Servieren

Erdbeer-Chia-Marmelade (Seite 51) zum Servieren

gedämpftes grünes Gemüse zum Servieren

Sie bekommen keinen Knollensellerie? Nehmen Sie stattdessen zwei oder drei Pastinaken.

Wenn ein Rezept eine kleine Menge frischen Dill erfordert, nehme ich meist Fenchelgrün, anstatt ein ganzes Bund Dill zu kaufen. Petersilie geht auch (oder 1 EL getrockneter Dill).

Den Knollensellerie in mehrere lange Stücke schneiden und diese mit dem Spiralschneider, Kartoffelschäler oder der Mandoline zu Nudeln verarbeiten. (Geschälter Sellerie wird schnell braun – wenn Sie ihn nicht sofort verwenden, in Zitronenwasser aufbewahren.)

Einen Esslöffel der Butter bei mittelhoher Temperatur in einer großen Pfanne erhitzen. Die Fleischklößchen darin fünf bis acht Minuten braten, bis sie gebräunt und durchgegart sind. Mit Kümmelsamen und Piment bestreuen und noch ein paar Minuten braten, bis die Gewürze zu duften beginnen. Die Fleischklößchen aus der Pfanne nehmen.

Milch und Maismehl in dieselbe Pfanne geben und sehr gut verrühren. Etwa ein bis zwei Minuten kochen und dabei den Bratensatz vom Boden kratzen. Wenn die Sauce dick geworden ist, Dill, Sellerienudeln und Fleischklößchen hinzufügen, und zugedeckt etwa zwei bis drei Minuten köcheln lassen, bis alles gut durchgewärmt ist. Mit Salz und Pfeffer würzen, dann die Spinatblätter unterrühren. Pfanne vom Herd nehmen und den Zitronensaft einrühren. Mit der Marmelade, den Zitronenschnitzen, dem gedämpften Gemüse und etwas darübergestreutem Dill servieren.

2 PORTIONEN GEMÜSE + OBST PRO PORTION

PERSISCHER LAMMSALAT

FALSCHE BRATENGERICHTE

Schwein, Lamm, Rind + zerkleinerte Reste

Braten sind großartige Ein-Topf-Gerichte, können aber knifflig sein; für ein perfektes Ergebnis braucht man ein Bratenthermometer, und das Aufschneiden ist auch nicht ganz einfach. Und sie gelingen eher mit Fleischstücken erster Klasse. Ich vermeide das alles, indem ich zweitklassige Stücke nehme, die kinderleicht zu garen sind und als klein gezupftes Fleisch serviert werden können (kein Aufschneiden am Tisch).

Außerdem behalten Sie bei diesen Rezepten noch Fleisch für später übrig. Danken können Sie mir auch später.

GRIECHISCHER LAMMSALAT

das habe ich mit Karottengrün garniert

LAMMSCHULTER-BRATEN mit Pulled Lamb

ERGIBT 6 PORTIONEN + RESTE VON PULLED LAMB

Ein vielseitiger Sommerbraten, mit dem man eine ganze Palette von Salaten zaubern kann.

1,8 kg Lammschulter mit Knochen, Fett entfernt

5 Knoblauchzehen, in Scheibchen geschnitten

5 Zweige Oregano oder 1 EL getrockneter Oregano

4 EL Olivenöl

Saft von einer Zitrone

Meersalz und frisch gemahlener schwarzer Pfeffer

1 Zwiebel, in Spalten geschnitten

4 EL selbst gemachte Rinderbrühe (Seite 38) oder Wasser

3–4 EL Pfeilwurzelmehl (für Glutenfrei- oder Paleo-Esser) oder Maismehl, mit kaltem Wasser zu einer Paste vermischt

Essen vom Fleisch am Knochen (und mit der Haut)
Dadurch wird Ihr Körper mit der Aminosäure Glycin versorgt, wodurch das Methionin in Muskelfleisch neutralisiert wird – das im Verdacht steht, mit Krebs zusammenzuhängen.

Über die ganze Lammschulter verteilt 1 cm tiefe Schnitte machen. Knoblauch und Oregano in die Schlitze schieben und die Schulter mit Olivenöl, Zitronensaft, Salz und Pfeffer einreiben.

Die Zwiebel in den Schongarereinsatz füllen und die Lammschulter darauflegen. Die Brühe darübergießen, dann zudecken und auf niedriger Stufe acht bis neun Stunden, auf hoher Stufe vier bis fünf Stunden garen.

Sie können das Fleisch auch ein paar Stunden oder über Nacht marinieren.

Das Fleisch herausnehmen, zudecken und vor dem Zerzupfen (siehe unten) ruhen lassen. Derweil aus den Säften, der Zwiebel und der Mehlpaste in dem Schongarereinsatz eine stückige Sauce bereiten. Gut rühren, und ohne Deckel auf hoher Stufe etwa 20 Minuten kochen lassen, bis die Sauce gut eingedickt ist. Mit der Sauce als Salat servieren (siehe rechte Seite).

PULLED LAMB

Wenn das Fleisch abgekühlt ist, in eine Schüssel füllen und mit zwei Gabeln zerzupfen. Reste in 65-g-Portionen aufteilen und einfrieren. Pulled Lamb hält sich im Tiefkühlschrank drei Monate.

Wenn Sie das Fleisch marinieren möchten, können Sie dafür dieselbe Form verwenden, um Abwasch zu sparen.

ZUBEREITUNG IM BACKOFEN
Den Backofen auf 200 °C vorheizen. In einer großen, tiefen, feuerfesten Form bei mittelhoher Temperatur auf dem Herd etwas Öl erhitzen. Die marinierte Lammschulter hinzugeben und auf allen Seiten kräftig anbraten. Zwiebel, die Hälfte der Brühe und eventuellen Marinaderest hinzufügen, Form mit Folie bedecken und in den Backofen stellen. Temperatur auf 160 °C herunterschalten und die Lammschulter zugedeckt drei bis vier Stunden backen, bis das Fleisch sich von den Knochen löst. Fleisch aus der Form nehmen und darin mit der übrigen Brühe die Sauce zubereiten.

GRIECHISCHER LAMMSALAT

ERGIBT 6 PORTIONEN

1 Bündel massierter Grünkohl (Seite 25) oder 300 g Babyspinat

50 g Kalamata-Oliven

100 g Feta, in Würfel geschnitten

½ rote Zwiebel, fein gehackt

250 g Cherrytomaten, halbiert

75 ml Olivenöl

2 EL Zitronensaft

Meersalz und frisch gemahlener schwarzer Pfeffer

500 g Pulled Lamb (siehe links)

vollfetter Bio-Naturjoghurt oder schnelles Zucchini-Zaziki (Seite 122) zum Servieren

Alle Zutaten in einer großen Schüssel vermischen und mit dem Joghurt oder Zaziki vermischen.

1½ PORTIONEN GEMÜSE + OBST PRO PORTION

PERSISCHER LAMMSALAT

ERGIBT 6 PORTIONEN

1 Bund Brunnenkresse

350 g grüne Bohnen, gedämpft (oder blanchiert)

20 g Minzeblätter

Kerne von ½-1 Granatapfel

4 EL Pistazien

500 g Pulled Lamb (siehe linke Seite)

DRESSING

200 g vollfetter Bio-Naturjoghurt

3 EL Zitronensaft

1 EL Tahin

½ TL Reissirup oder eine winzige Prise Steviagranulat

½ TL gemahlener Kreuzkümmel

Die Zutaten für das Dressing in einer kleinen Schüssel gut vermischen. Brunnenkresse, Bohnen, Minzeblätter, Granatapfelkerne, Pistazien und Lamm in einer großen Servierschüssel anrichten und das Dressing darüberträufeln.

1½ PORTIONEN GEMÜSE + OBST PRO PORTION

BACKOFEN-DINNER FÜR ZWEI
AUBERGINEN-PARMIGIANA

ERGIBT 2 PORTIONEN

2 Auberginen, beide in 5 Scheiben geschnitten

¼ TL Salz

200 g frischer Büffelmozzarella

350 ml Nomatensauce (Seite 45) oder zuckerfreie passierte Tomaten

50 g geriebener Parmesan

1 Bund Spargelbrokkoli (oder 1 kleiner Kopf Brokkoli, in Röschen geschnitten)

Den Backofen auf 200 °C vorheizen und ein Backblech mit Backpapier auslegen.

Die Auberginen leicht salzen und in einer Lage auf dem Backblech verteilen. Etwa 15 Minuten backen, bis die Auberginen goldbraun zu werden beginnen. Blech aus dem Ofen nehmen. Die zwei größten Auberginenscheiben auswählen, umdrehen und mit etwas Mozzarella, Nomatensauce und Parmesan belegen. Die nächstgrößeren Scheiben darauflegen und genauso belegen und so fortfahren. Die letzte Scheibe mit etwas Sauce bestreichen und mit Parmesan besprenkeln. Den Brokkoli um die Stapel herum verteilen. Das Blech wieder in den Ofen schieben, und 20 Minuten backen, bis der Käse geschmolzen und goldbraun ist.

UND MIT FLEISCH
Einen oder zwei gebratene Fleischklößchen (Seite 146) zerdrücken und mit zwischen die Lagen geben.

4 PORTIONEN GEMÜSE + OBST PRO PORTION

SÜSSKARTOFFEL-NACHOS

ERGIBT 2 PORTIONEN

1 große Süßkartoffel oder 2 kleine (etwa 250 g), längs halbiert

250 ml gekochte Bohnen (Seite 30)

¼ TL süßes Paprikapulver

¼ TL gemahlener Kreuzkümmel

½ Avocado, klein geschnitten

1 Limette, halbiert

1 lange rote Chili, in feine Ringe geschnitten

50 g Cheddar, gerieben

1 kleine rote Zwiebel, in feine Ringe geschnitten

1 Maiskolben, in 6 Stücke geschnitten

6 Cherrytomaten

250-g-Packung Krautsalat oder ¼ Rotkohl, geraspelt (oder 1 Handvoll grüne Bohnen)

Olivenöl zum Beträufeln

Saure Sahne oder Joghurt zum Servieren

Korianderblätter zum Servieren

Mais-Chips oder Süßkartoffelschalen (Seite 25) zum Servieren

Den Backofen auf 200 °C vorheizen und ein Backblech mit Backpapier auslegen. Die Süßkartoffeln mit der Schnittseite nach oben auf das Blech legen und etwa eine Stunde backen, bis sie weich sind.

Derweil die Bohnen, die Gewürze und die Avocado mit einem Spritzer Limettensaft in einer kleinen Schüssel gut vermischen.

Die Süßkartoffeln aus dem Ofen nehmen und die Temperatur auf 220 °C einstellen. Aus der Mitte der Süßkartoffelhälften etwas Fleisch herauslöffeln (für Süßkartoffelpüree aufheben, Seite 25) und die Kartoffelhälften mit der Fleisch- oder Bohnenmischung füllen. Die Chili darauf verteilen und mit Cheddar bestreuen. Zwiebel, Maiskolben, Tomaten und Krautsalat (oder Rotkohl oder grüne Bohnen) auf dem Backblech verteilen und reichlich mit Olivenöl beträufeln. Wieder in den Backofen schieben, und 10–15 Minuten backen, bis alles goldbraun ist.

Zum Servieren mit saurer Sahne oder Joghurt, Korianderblättern und Mais-Chips oder Süßkartoffelschalen garnieren.

4 PORTIONEN GEMÜSE + OBST PRO PORTION

KNUSPRIGES HÜHNER-SATAY AUS DEM OFEN

ERGIBT 6 PORTIONEN

- 115 g stückige Erdnussbutter
- 1 EL Kokosöl, geschmolzen
- 3 EL Tamari-Sauce
- 1 TL Chiliflocken
- 1 Knoblauchzehe, klein gehackt
- 2 cm langes Stück Ingwer, fein gehackt
- 6 Hühnerschenkel oder -keulen (oder eine Mischung)
- 300 g Zuckerschoten, geputzt
- 1 Bund Spargel, Enden abgeschnitten, Spargelstangen halbiert
- 2 Frühlingszwiebeln, in dünne Ringe geschnitten
- 4 EL Erdnüsse
- 1 Limette, in Schnitze geschnitten
- 3 EL weiße Sesamsamen

Den Backofen auf 200 °C vorheizen. Erdnussbutter, Kokosöl, Tamarisauce, Chili, Knoblauch und Ingwer in einem tiefen Backblech gut vermischen. Das Hühnerfleisch hinzugeben und in der Sauce wälzen, bis es ganz damit bedeckt ist. Blech in den Ofen schieben und das Fleisch 15 Minuten backen.

Aus dem Ofen nehmen und das grüne Gemüse, die Frühlingszwiebeln, die Erdnüsse, die Limettenschnitze und Sesamsamen um das Fleisch herum und darauf verteilen. Wieder in den Backofen schieben, und etwa zehn Minuten weiterbacken, bis das Hühnerfleisch gebräunt und saftig ist.

1 PORTION GEMÜSE + OBST PRO PORTION

Statt Erdnüssen können Sie auch Wasserkastanien nehmen.

SCHWEINEFLEISCH-PFANNE ZUR REGENERATION

ERGIBT 2 PORTIONEN

Wenn ich auf Reisen war oder etwas zu viel Zucker gegessen habe (das haben Sie richtig gelesen!) oder meine alten Plagegeister sich bemerkbar machen (Autoimmunentzündungen und Ähnliches), ist dies das Gericht meiner Wahl, meist mit einem feinen Glas Rotwein ohne Konservierungsstoffe.

Kaufen Sie Biofleisch von Tieren aus Weidehaltung, die garantiert nicht mit recyceltem Essensabfall gefüttert werden (bei dem das Risiko von bakterieller Verunreinigung besteht).

Warum Schweinefleisch?

Bei meiner Arbeit mit *National Geographic* über Langlebigkeit in den Blauen Zonen wurde deutlich, dass Schweinefleisch eins der Lebensmittel ist, die in allen Blauen Zonen gegessen werden (Blaue Zonen sind Regionen, in denen mehr Menschen als anderswo über hundert Jahre alt werden). Eine japanische Studie vermutet, dass der Zusammenhang zwischen dem Essen von Schweinefleisch und Langlebigkeit seine Ursache darin haben könnte, dass Schweine genetisch dem Menschen ähnlich sind und dass Schweinefleischprotein etwas enthalten könnte, das bei der Reparatur von arteriellen Schäden hilft. Nur eine interessante Hypothese.

Nachhaltige, preiswerte Fleischstücke

Wenn möglich kaufen Sie Stücke aus der Schweineschulter (auch Bug oder Blatt oder Schäufele).

2 Schweinekoteletts mit Knochen, etwa 2 cm dick (insgesamt etwa 400 g)

1 Süßkartoffel, längs halbiert und in etwa 8 mm dicke Scheiben geschnitten

Meersalz und frisch gemahlener schwarzer Pfeffer

2 TL Kokosöl

1 Fenchel, längs in 8 Spalten geschnitten (mit Strunk und Grün)

1 Bund Spargel, Enden abgeschnitten, Spargelstangen halbiert

1 fester Pfirsich oder Apfel, in Achtel geschnitten

1 TL gehackter Salbei, Rosmarin oder Thymian

3 EL Apfelessig

etwas selbst gemachte Hühnerbrühe (Seite 38) oder 2–3 tiefgefrorene Würfel (Seite 27)

1 TL Dijon-Senf

Den Backofen auf 210 °C vorheizen. Schweinekoteletts und Süßkartoffel mit Salz und Pfeffer würzen. Das Kokosöl in einer ofenfesten Pfanne bei mittelhoher Temperatur erhitzen. Die Koteletts und Süßkartoffelscheiben darin anbräunen, dabei einmal wenden (jede Seite etwa drei Minuten). Koteletts kurz herausheben, Fenchel, Spargel, Pfirsich oder Apfel und Kräuter in die Pfanne geben. Umrühren, um alles gut zu vermengen, dann die Koteletts darauflegen. Essig, Brühe und Senf vermischen und über die Mischung in der Pfanne gießen. In den Backofen stellen und 15 Minuten backen.

FÜR 6 PORTIONEN

6 Koteletts in der Pfanne anbräunen, dann mit der dreifachen Menge der übrigen Zutaten auf einem großen Backblech verteilen und 20 Minuten backen.

ZUBEREITUNG IN DER PFANNE

Sie können das Gericht auch in der Pfanne zubereiten – einfach mit einem Deckel oder Teller zudecken und zehn Minuten köcheln lassen.

2½ PORTIONEN GEMÜSE + OBST PRO PORTION

Studien zeigen, dass ein Glas Rotwein den Blutzucker ausbalancieren kann, wenn man es zu Fleisch trinkt.

Ich erinnere mich auf verschiedene Arten daran, achtsam zu sein, wenn ich esse. Nicht immer auf diese Art.

HÜHNERSCHENKEL AUS DEM SCHONGARER

ERGIBT 6 PORTIONEN

1 kg Hühnerschenkel (mit Haut und Knochen)

2–3 Knoblauchzehen, zerdrückt

2 Frühlingszwiebeln, in dünne Ringe geschnitten

2 Lorbeerblätter

4 EL Tamari- oder Sojasauce

4 EL Apfelessig

Saft von ½ Zitrone

225 g Quinoa, zweimal gespült

350 ml selbst gemachte Hühnerbrühe (Seite 38)

2–3 Köpfe Baby Pak Choi (oder 400 g anderes orientalisches grünes Gemüse)

Wenn das Hühnerfleisch schon vom Knochen fällt (schön!), können Sie es auch abzupfen und die Knochen entfernen, bevor das Fleisch wieder in den Topf kommt.

Hühnerschenkel auf den Boden des Schongarertopfes legen. Knoblauch, Frühlingszwiebeln, Lorbeerblätter, Tamari- oder Sojasauce, Essig und Zitronensaft hinzufügen und das Hühnerfleisch damit überziehen. Zudecken und fünfeinhalb Stunden auf niedriger Stufe oder zweieinhalb Stunden auf hoher Stufe garen. Hühnerschenkel aus dem Schongarer nehmen und beiseitestellen.

Quinoa und Brühe in den Schongarer füllen und umrühren. Zudecken und auf hoher Stufe etwa 40 Minuten garen, bis die Quinoa gar ist (es sollten sich gerade weiße »Schwänzchen« zu bilden beginnen). Die Hühnerkeulen wieder in den Topf legen, das Gemüse darauf, dann zudecken und noch einmal 20 Minuten garen. Zum Servieren das Gemüse auf Tellern anrichten. Quinoa und Hühnerkeulen im Topf vermischen und auf dem Gemüse verteilen.

1 PORTION GEMÜSE + OBST PRO PORTION

Dieser Schongarer geht überall mit mir hin.

LAMMKOTELETTS AUS DEM OFEN FÜR ZWEI

MIT MINZE-ERBSEN-PISTOU

ERGIBT 2 PORTIONEN

Welche Lammkoteletts sind am besten?

Um den Planeten und den Geldbeutel zu schonen, sollte man Schulterstücke Lendenstücken vorziehen. Auch Lammbrust kann man nehmen.

1 EL Olivenöl und etwas mehr zum Darüberträufeln

2 TL gehackter Oregano oder ½ TL getrockneter Oregano

Saft von ½ Zitrone (die andere Hälfte für die Pistou verwenden, siehe unten)

2 kleine Knoblauchzehen, zerdrückt

4 Lammkoteletts

2 kleine Zwiebeln, mit der Schale längs in Spalten geschnitten, sodass sie am Wurzelansatz zusammenhalten, oder 1 kleine rote Zwiebel, in Spalten geschnitten

1 rote Paprikaschote, in Stücke geschnitten

2 kleine Zucchini, in Scheiben geschnitten

Meersalz und frisch gemahlener schwarzer Pfeffer

6 Cherrytomaten

40 g Oliven

60 g Feta, gewürfelt

ZUM SERVIEREN:

Minze-Erbsen-Pistou (siehe unten, optional)

Minze- oder Oreganoblätter

Den Backofen auf 200 °C vorheizen.

Öl, Oregano, Zitronensaft, Knoblauch und die Lammkoteletts in einer Schüssel vermischen, zudecken und mindestens 25 Minuten in den Kühlschrank stellen (den ganzen Tag ist noch besser).

Zwiebeln, Paprikaschote und Zucchini in eine große Backform füllen, großzügig mit Olivenöl beträufeln, mit Salz und Pfeffer würzen und 25 Minuten backen.

Lammkoteletts, Cherrytomaten, Oliven und Feta hinzufügen und weitere 20 Minuten backen, dabei die Koteletts nach zehn Minuten wenden. Mit Minze-Erbsen-Pistou (wenn verwendet) und darübergestreuten Minze- oder Oreganoblättern servieren.

MINZE-ERBSEN-PISTOU

75 g tiefgefrorene Erbsen, in wenig kochendem Wasser blanchiert und abgekühlt

20 g Minzeblätter

abgeriebene Schale und Saft von ½ Zitrone

4 EL Olivenöl extra vergine

Alle Zutaten im Mixer oder der Küchenmaschine zu einer glatten Masse pürieren.

Oder einfach 125 ml Reste-Pesto (Seite 49) mit den Erbsen pürieren.

2 PORTIONEN GEMÜSE + OBST PRO PORTION

Ich gebe die ausgedrückte Zitrone immer vor dem Kochen mit zum Gericht, dann KARAMELLISIERT sie.

GERICHTE
AUS RESTEN

Offiziell mein Lieblingskapitel
Hier kommt ALLES, wofür ich stehe zusammen
So verwerten Sie alle Ihre RESTE
Und das Leben ist endlich im FLOW!
(meist mit einem in der Mitte aufgeschlagenem Ei)
mit einem Strauß Karottengrün

GRÜNES RESTE-SHAKSHOUKA

ÜBRIG GEBLIEBENE GRÜNE GEMÜSE + ÜBRIG GEBLIEBENES PESTO + EIN PAAR EIER

ERGIBT 2 PORTIONEN

Eine (etwas ver-kohlte) Hipster-Version des klassischen israelischen Pfannengerichts.

Sie können auch ein paar tiefgefrorene Zucchiniwürfel (Seite 26) dazugeben.

1 EL Butter

½ Zwiebel oder ½ Stange Lauch (oder 3 Frühlingszwiebeln), in dünne Ringe geschnitten

450 g Gemüse, was Sie gerade dahaben (Fenchelscheiben, geraspelte Zucchini, Zuckerschoten in dünnen Scheiben und Spargel sind alle gut)

¼ TL gemahlener Kreuzkümmel

¼ TL Chiliflocken (oder ein paar Tropfen Tabascosauce)

Saft von ½ Zitrone

2 Handvoll Blattgemüse und Kräuter (Grünkohl, Rote-Bete-Blätter, Spinat, glatte Petersilie, Basilikum, Koriander, Fenchelgrün usw.)

Meersalz und frisch gemahlener schwarzer Pfeffer

3 EL Reste-Pesto (Seite 49)

2–3 Eier

4 EL Käse (was Sie gerade dahaben), zerkrümelt oder gerieben

Oliven, in Scheiben geschnitten (optional)

Die Butter bei mittelhoher Temperatur in einer Pfanne schmelzen. Zwiebel, Lauch oder Frühlingszwiebeln, Gemüse und Kreuzkümmel hinzufügen und fünf bis sieben Minuten mitbraten. Chili, Zitronensaft, Blattgemüse und Kräuter dazugeben und kochen, bis die Blätter zusammengefallen sind. Mit Salz und Pfeffer würzen und das Pesto darüberträufeln.

Zwei oder drei Vertiefungen in die Mischung drücken und die Eier dahinein aufbrechen. Die Temperatur auf niedrig herunterschalten. Den Käse über die Mischung streuen. Mit einem Teller oder einem Deckel zudecken, und fünf bis sieben Minuten garen, bis die Eier gestockt sind. Zum Servieren nach Wunsch ein paar schwarze Oliven und ihren Saft auf der Mischung verteilen.

4 PORTIONEN GEMÜSE + OBST PRO PORTION

KNUSPRIGER BIBIMBAP-TOPF AUS DER PFANNE

KIMCHI + RESTE VON ZUPFFLEISCH + GEKOCHTE QUINOA

ERGIBT 2 PORTIONEN

Ich liebe diese koreanische Version eines Pfannengerichts. In Korea gilt es als gesundheitsförderndes Winteressen, und es eignet sich prima zum Aufbrauchen von Resten. Ich habe ihm einen lecker-einfachen Dreh gegeben, indem ich ein paar Schritte zusammengefasst und ein paar Töpfe weggelassen habe. Oh, und ich habe aus dem Ganzen eine Art knusprigen Eierkuchen gemacht. Bitte sehr!

Wenn Sie eine große Paella-Pfanne haben, können Sie das Rezept verdreifachen und der ganzen Familie eine Freude machen.

1 EL Sesam- oder Kokosöl

135 g gekochte Quinoa (Seite 28)

250 ml »Indisches Kimchi« (Seite 218) mit etwas Lake und mehr zum Servieren (oder 200 g zerkleinertes Blattgemüse oder Kohl, vermischt mit einem kräftigen Spritzer Tamari)

3 Frühlingszwiebeln, fein gehackt

1 EL Tamari-, Sojasauce oder Fischsauce

2–3 Eier

65 g übrig gebliebenes gekochtes Fleisch (Rezepte siehe Kapitel »Wunder aus einem Topf«)

2–3 einzelne Handvoll von verschiedenfarbigem gekochtem oder rohem Gemüse, geraspelt oder sehr klein geschnitten (Karotten, Rotkohl, Rosenkohl, Kürbis, Zucchini, grüne Bohnen, Erbsen, Spinat, Bohnenkeimlinge usw.)

ZUM SERVIEREN

eine großzügige Menge von etwas Knusprigem, Schmackhaftem zum Darüberstreuen (Sesamsamen, Rotalgenflocken, Algen-Dukkah (Seite 41) usw.)

einfache Gochujang-Sauce (siehe unten, optional)

Das Öl bei mittelhoher Temperatur in einer Pfanne erhitzen. Quinoa, Kimchi (oder Blattgemüse), Frühlingszwiebeln und Tamari-, Soja- oder Fischsauce hinzufügen, verrühren und mit einem Holzlöffel flachdrücken. Temperatur zurückschalten, und etwa fünf Minuten braten, bis die Mischung am Boden beginnt, kross zu werden und zu karamellisieren. Die Eier darüber aufschlagen und verrühren, sodass sie die Mischung bedecken. Temperatur auf niedrig zurückschalten, Pfanne zudecken (mit einem Teller oder Deckel), und vier bis fünf Minuten garen, bis die Eier gerade gestockt sind. Fleisch und farbiges Gemüse darauf verteilen und alles durchwärmen.

Das Ei verteilt sich in der Pfanne und macht alles noch knuspriger.

Wenn Sie es knusprig mögen, können Sie den Pfannkuchen mithilfe eines Tellers wenden, bevor Sie das Topping hinzufügen.

Vom Herd ziehen und mit extra Kimchi (oder Blattgemüse mit Tamari), dem knusprigen Topping und wenn gewünscht der Gochujang-Sauce servieren.

EINFACHE GOCHUJANG-SAUCE

4 EL Nomatensauce (Seite 45)

1 Prise Chiliflocken oder ein paar Tropfen Tabascosauce

½ TL Reissirup

In einer Teetasse verrühren. Fertig.

3 PORTIONEN GEMÜSE + OBST PRO PORTION

Das ist gekauftes
KIMCHI.
Einfache
GOCHUJANG-
SAUCE

MEINE HALUNKEN-SALATE

ERGIBT JEWEILS 2 PORTIONEN

Übersetzt vom französischen »Salade Canaille« ist dieses Gericht aus einem »Gesindel« von Kleinigkeiten zusammengestellt, die mit den Geschmacksbomben aus der Kühlschranktür aufgepeppt werden. Perfekt für ein Indoor-Picknick an einem Sonntagabend.

GERÖSTETES GEMÜSE

150–300 g übrig gebliebenes geröstetes Wurzelgemüse (Seite 25) mit einer halben roten, in Scheiben geschnittenen Zwiebel kombinieren, die zehn Minuten in Apfelessig eingelegt war. Mit Sellerieblättern (optional) und einer Prise Meersalz bestreuen und mit Olivenöl extra vergine beträufeln. Vermischen.

2 PORTIONEN GEMÜSE + OBST PRO PORTION

SAUCE-GRIBICHE-TELLER

Von einer roten Zwiebel ein Viertel fein hacken und mit 1–2 EL Mayo mit Molke (Seite 44) und je 1 TL Dijon-Senf und gehackten Kapern vermischen. Die Sauce über 130 g übrig gebliebenem gekochtem Fleisch (beliebige Art; siehe Kapitel »Wunder aus einem Topf«) oder zwei bis drei hartgekochten, gewürfelten Eiern verteilen. Mit Sellerieblättern garnieren.

GOLDENE PORRIDGE-SCHEIBEN

Etwa 250 g übrig gebliebenes Porridge oder gekochten Reis, gekochte Linsen oder gekochte Quinoa (Seite 28) mit 35 g geriebenem Parmesan und 1 EL gehacktem Thymian, Schnittlauch oder anderen frischen Kräutern vermischen. Wenn die Mischung zu flüssig ist, 1 TL Chiasamen hinzufügen. Einen Teller mit Backpapier auslegen. Porridge auf den Teller füllen und zu einem »Pfannkuchen« in der Größe Ihrer Bratpfanne drücken. Zum Festwerden 30 Minuten in den Kühlschrank stellen. In der Bratpfanne 2 EL Butter erhitzen und den Porridge-Pfannkuchen darin auf beiden Seiten goldbraun backen.

ROSA EIER

Zwölf hart gekochte, geschälte Eier in 350 ml übrig gebliebener rosa Fermentierlake mindestens zwei Stunden (oder über Nacht) im Kühlschrank marinieren. Eier trocken tupfen und längs halbieren. Wenn gewünscht, Eigelb entfernen und mit 1 EL Mayo mit Molke (Seite 44) vermengen, dann wieder in die Eier füllen und mit Currypulver bestäuben.

Wenn Sie keine rosa Lake haben, schneiden Sie eine Rote Bete in Scheiben und kochen sie 20 Minuten lang in 250 ml Wasser und 125 ml weißem Essig. Abseihen und abkühlen lassen.

ABENDESSEN VOM VORTAG MIT EINEM EI DARIN

ÜBRIG GEBLIEBENES ABENDESSEN + SELBST GEMACHTE BRÜHE + EI

ERGIBT 1 PORTION

Ich nenne es »Doggie-Bag-Dinner am nächsten Tag« oder »Wiederverwendeter Eintopf«. Die Franzosen nennen es *oeufs en restes*, was etwas schwungvoller klingt. Wie auch immer. Die Idee ist, ein übrig gebliebenes Essen in eine Pfanne zu geben – es kann eine ganze Mahlzeit (klein geschnitten), eine Suppe, ein Pastagericht oder ein Eintopf sein –, etwas Brühe hinzuzufügen und in die Mitte ein Ei aufzuschlagen.

Wenn Sie einen Eintopf oder eine Suppe andicken müssen, 5 EL geraspelte Kartoffeln oder 1–2 TL Chiasamen hinzufügen.

Die 2:4 Doggie-Bag-Regel

Keine Angst vor Lebensmittelvergiftung: einfach die Mahlzeit innerhalb von 2 Stunden in den Kühlschrank stellen und vor dem Verzehr nicht länger als vier Tage aufbewahren. Oh, und in der Mikrowelle mindestens zwei Minuten erhitzen, bis das Gericht dampfend heiß ist (etwa 75 °C).

Etwa 450 g übrig gebliebenes Abendessen (klein schneiden, was keine weiche Konsistenz hat)

4 EL selbst gemachte Brühe (Seite 38) oder 2–3 tiefgefrorene Würfel (Seite 27)

1 Ei

1 kräftiger Schuss Olivenöl

Meersalz

Die Reste in einer Pfanne oder einem kleinen Topf mit etwas Brühe erhitzen. Wenn die Mischung heiß ist und blubbert, ein Ei in die Mitte aufschlagen. Zudecken (mit einem Teller oder Deckel), dann die Temperatur herunterschalten, und köcheln lassen, bis das Ei gestockt ist. Vom Herd nehmen, das Olivenöl darübergießen und mit Salz würzen.

Ich gebe eine kleine Handvoll Erbsen hinzu. Ich finde, dass Erbsen fast alles noch besser machen.

3 PORTIONEN GEMÜSE + OBST PRO PORTION

* Wenn Sie das zu Hause (!) machen, alles etwas mehr zerdrücken!

VERLÄNGERTES SAUERKRAUT

ÜBRIG GEBLIEBENES FLEISCH + WEISSKOHL + ALTES SAUERKRAUT

ERGIBT 2 PORTIONEN

Ein toller Trick, um Sauerkraut aufzubrauchen, das sonst schlecht wird.

4 Schweinewürstchen guter Qualität oder 8 Fleischklößchen (Seite 146)

1 Zwiebel, in Spalten geschnitten

½ Apfel, in Spalten geschnitten

250-g-Packung Krautsalat oder 300 g geraspelter Weißkohl

125 g übrig gebliebenes Sauerkraut mit Saft

Den Backofen auf 200 °C vorheizen.

Die Würste oder Fleischklößchen und die Zwiebel in einer Backform zehn Minuten backen. Apfel, Kohlsalat und Sauerkraut hinzufügen und weitere etwa 20 Minuten backen, bis die Würste prall und gebräunt sind.

KIMCHI-HÜHNER-SAUERKRAUT
Anstatt der Schweinewürste Würste oder Fleischklößchen aus Hühnerfleisch nehmen und anstatt Sauerkraut Kimchi.

Sie können die Pfanne auch zum Schluss unter den Grill stellen, falls das Fleisch Ihnen nicht genug gebräunt ist.

3 PORTIONEN GEMÜSE + OBST PRO PORTION

Der Küchentisch in meiner Bude, den
mein Freund Ali mir vor 10 Jahren schenkte +
den ich GERADE in dieser Woche an Jenn +
ihre Familie weitergegeben habe. ↙
meine Mitarbeiterin

UNWIDERSTEHLICHE LECKEREIEN

Offen gestanden habe ich für dieses Kapitel alles wieder zurückgeschraubt. Ursprünglich wollte ich das ganze Kapitel nämlich kräftig <u>einschrumpfen</u>. Wortwörtlich. Aber dann wäre es hart zu lesen geworden. Und meine Verlegerin Ingrid gab mir diesen „Meinst du das ernst, Sarah?"-Blick. So konzentrierte ich mich einfach darauf, die Menge an verwendetem ~~Zucker~~ Süßungsmittel gering zu halten. Genau wie die Portionsgrößen. Sie werden das natürlich gar nicht merken. Aber ich wollte meine Idee des Minimierens MAXIMIEREN. Doch nun bitte genießen.

LAMINGTON EISCREME

ERGIBT 18 STÜCK

Inspiriert vom berühmten australischen Lamington Cake.

400-ml-Dose Kokoscreme, vorm Öffnen leicht geschüttelt

75 g Cashew-Butter

1 TL Vanilleextrakt (oder selbst gemacht, Seite 41)

1 TL Reissirup

200 g dunkle Schokolade (85–90 % Kakaoanteil), in kleine Stücke gehackt

115 g Kokosraspeln oder Kokoschips

5 EL Himbeer-Chia-Marmelade (Seite 51)

Eine quadratische Backform mit 22 cm Seitenlänge mit Backpapier auslegen. Die Kokoscreme in die Form füllen und etwa zwei bis drei Stunden lang in den Tiefkühlschrank stellen, bis sie gefroren ist.

Die Cremescheibe aus der Form nehmen und mit einem Kartoffelstampfer oder dem Griff einer Teigrolle in Stücke brechen. Die Stücke in der Küchenmaschine zu einem feinen Puder verarbeiten. Cashew-Butter, Vanilleextrakt und Reissirup hinzugeben und verrühren, bis die Masse glatt und locker wie Eiscreme ist. Wieder in die Form gießen und die Oberfläche mit einem Pfannenwender oder einem Palettenmesser glätten. Ein bis zwei Stunden tiefgefrieren, bis die Masse beim Berühren fest, aber nicht steinhart ist.

Die Schokolade in einer Schüssel in der Mikrowelle schmelzen (oder in einer feuerfesten Schüssel im Wasserbad). Die Kokosraspeln in eine andere Schüssel füllen.

Eiscreme aus dem Tiefkühlschrank nehmen und in 36 kleine Quadrate schneiden. (Vielleicht müssen die Ränder für glatte Würfel etwas nachbearbeitet werden.) 18 Quadrate mit einer dünnen Schicht der Marmelade bestreichen. Die anderen Würfel wie bei einem Sandwich darauflegen.

Mit zwei Gabeln oder einem Cocktailspieß die Quadrate so in die geschmolzene Schokolade tauchen, dass alle Seiten davon bedeckt sind, gleich danach in die Kokosraspeln und dann in die vorbereitete Form legen. Danach können die Würfel eingefroren werden und halten sich tiefgekühlt drei Monate.

Wenn Sie die Eiswürfel direkt aus dem Tiefkühlfach servieren, lassen Sie sie zunächst zwei bis drei Minuten draußen stehen. Dann tauen sie etwas an, sind außen knackig und innen weich.

¼ TL ZUGESETZTER ZUCKER PRO PORTION

DREI KEKS-SCHNITTEN

Wenn Sie mögen, tauschen Sie gern die GEBACKENEN oder ROHEN Schichten gegeneinander aus.

1. VIER-SCHICHT-KEKSE

Zu den Rezepten umblättern...

1. VIERSCHICHT-KEKS

FÜR 28 KLEINE WÜRFEL

250 ml Himbeer-Chia-Marmelade (Seite 51)

GEBACKENER KEKSBODEN

150 g ungesalzene Butter

3 EL Reissirup

90 g Buchweizenmehl

90 g glutenfreies Mehl

40 g Kokosraspeln

1 Prise Salz

MARSHMALLOW-FÜLLUNG

2 EL Gelatinepulver

4 EL Reissirup

1 TL Vanilleextrakt (oder selbst gemacht, Seite 41)

¼ TL Meersalz

SCHOKO-DECKE

100 g dunkle (85–90 % Kakaoanteil) Schokolade oder rohe Schokolade (Seite 50)

Den Backofen auf 180 °C vorheizen und eine 28 cm × 18 cm große Backform einfetten und mit Backpapier auslegen.

Für den gebackenen Keksboden Butter und Reissirup in einem kleinen Topf oder in einer Schüssel in der Mikrowelle schmelzen und dann sehr gut mit den übrigen Zutaten vermischen. Die Teigmasse in die vorbereitete Backform drücken und etwa 15–20 Minuten backen, bis sie hellbraun ist. Aus dem Ofen nehmen und abkühlen lassen.

Die Marmelade über dem abgekühlten Boden verstreichen und die Form in den Kühlschrank stellen.

Derweil die Marshmallow-Füllung machen. Die Gelatine mit 75 ml Wasser verrühren, bis sie ganz aufgelöst ist. Fünf Minuten stehen lassen – sie bekommt eine gummiähnliche Konsistenz. Inzwischen den Reissirup, den Vanilleextrakt und das Salz in einem Topf mit 250 ml Wasser zum Kochen bringen. Temperatur zurückschalten und unter ständigem Rühren acht Minuten köcheln lassen. Temperatur ausschalten, die Gelatine zu der Mischung geben und unter Rühren auflösen. Mit einem Stabmixer bearbeiten, bis sich eine dicke Creme formt (oder in einen leistungsstarken Mixer füllen, um Zeit zu sparen).

Die Marshmallow-Masse über die gekühlte Marmeladenschicht füllen. Die Hände mit Kokosöl einstreichen und mit den Fingern die Oberfläche glattstreichen. Mindestens eine Stunde in den Kühlschrank stellen, bis die Marshmallow-Schicht fest ist.

Die Schokolade langsam in der Mikrowelle oder im Wasserbad schmelzen, über die Marshmallow-Schicht gießen und gleichmäßig verteilen. Die Form wieder in den Kühlschrank stellen und mindestens eine Stunde kühlen, bis die Schokolade fest geworden ist. Zum Servieren in Würfel schneiden. Hält sich im Kühlschrank in einem verschlossenen Behälter fünf Tage.

¼ TL ZUGESETZTER ZUCKER PRO PORTION

2. NUSS-NOUGAT-RIEGEL

ERGIBT 28 KLEINE WÜRFEL

Pekannüsse bringen einen guten Geschmack, aber Mandeln, Pistazien oder Haselnüsse sind auch toll.

ROHER KEKSTEIGBODEN

250 g Nüsse (vorzugsweise aktiviert, Seite 30)

4 EL rohes Kakaopulver

4 EL Reissirup

40 g Kokosöl, geschmolzen

1 Prise Salz

»NOUGAT«

175 ml Kokoscreme

75 ml Reissirup

1 gute Prise Meersalz

50 g Kokosmehl und etwas mehr, falls nötig

150 g Erdnussbutter

4 EL rohe, ungesalzene Erdnüsse

SCHOKOTOPPING

100 g dunkle Schokolade, 85–90 % Kakaoanteil, in Stücke gebrochen

Eine 28 cm × 18 cm große Backform mit Backpapier auslegen.

Für den Nuss-Keksboden die Nüsse in einer Küchenmaschine zu feinen Krümeln verarbeiten. Die übrigen Zutaten zugeben und weiter verarbeiten, bis alles gut vermengt ist. Falls nötig, etwas mehr Kokosöl hinzufügen, um eine teigartige Konsistenz zu erreichen. Alternativ die Masse weiter hacken, bis die Nüsse ihr Öl abgeben. Den Teig gleichmäßig in die vorbereitete Backform drücken und in den Kühlschrank stellen.

In der Kühlzeit für das »Nougat« alle Zutaten bis auf die Erdnüsse in eine Schüssel geben und pürieren, bis eine glatte Masse entsteht. (Wenn die Masse zu flüssig ist, mehr Kokosmehl hinzugeben, sie sollte die Konsistenz von Keksteig haben.) Die Erdnüsse unterheben. Die Mischung auf dem gekühlten Keksteigboden verteilen und die Form zurück in den Kühlschrank stellen.

Die Schokolade langsam in der Mikrowelle oder im Wasserbad schmelzen und über die gekühlte Nougatschicht gießen und gleichmäßig verteilen. Die Form bis zum Servieren wieder in den Kühlschrank stellen. Die Masse hält sich im Kühlschrank drei Monate.

OHNE ERDNÜSSE

Die Erdnussbutter und die Erdnüsse gegen Cashewbutter und Cashewnüsse austauschen.

1 TL ZUGESETZTER ZUCKER PRO PORTION

3. KOKOS-SCHOKO-SCHNITTEN

ERGIBT 28 KLEINE WÜRFEL

Der Geschmack nach Paradies … mit passendem Nährwertprofil.

Sie können auch den rohen Keksteigboden von dem Nuss-Nougat-Riegel-Rezept nehmen.

1 Portion gebackener Keksboden (siehe Seite gegenüber)

250 ml Kokosmilch

75 ml Reissirup

50 g Kokosöl

150 g Kokosraspeln

1 Prise Salz

SCHOKOÜBERZUG

1 Portion (325 ml) rohe Schokolade (Seite 50)

Den gebackenen Keksboden (gegenüber) machen und abkühlen lassen.

In einem Topf bei niedriger Temperatur Kokosmilch, Reissirup und Kokosöl erhitzen und rühren, bis alles gut vermischt ist. Vom Herd nehmen und die Kokosraspeln und das Salz einrühren. Über den Keksboden verteilen und gleichmäßig andrücken, sodass die Schicht etwa 1,5 cm dick ist. Ins Gefrierfach stellen, bis die Kokosfüllung fest ist (etwa eine Stunde).

Die Schokolade langsam in der Mikrowelle oder im Wasserbad schmelzen und über die Kokosschicht gießen. Die Form mindestens eine Stunde wieder in den Kühlschrank stellen, bevor man die Würfel schneidet. In einem geschlossenen Behälter halten sich die Schnitten eine Woche, im Tiefkühlfach drei Monate.

UND KOKOS-HIMBEER-SCHNITTEN

Einfach 60 g Himbeeren unter die Kokosfüllung heben.

½ TL ZUGESETZTER ZUCKER PRO PORTION

SCHOKO-ERDNUSSBUTER-CROSSIES

ERGIBT 18 KLEINE CROSSIES

Sieben Zutaten, ein Topf, 4½ Minuten, etwas Zeit im Kühlschrank – und fertig sind die Crossies.

175 g Kokosöl

3 EL Reissirup

4 EL rohes Kakaopulver

115 g stückige Erdnussbutter

40 g Kokosraspel

70 g aktivierter Buchweizen (Seite 29)

25 g gepufftes Quinoa oder Puffreis

Zwei Cupcake- oder Muffinbleche mit 18 Papierförmchen bestücken.

Das Kokosöl bei niedriger bis mittlerer Temperatur in einem Topf sanft erhitzen. Vom Herd nehmen und den Reissirup einrühren. Kakaopulver und Erdnussbutter hinzufügen und rühren, um alles gut zu vermischen. Kokosraspeln, Buchweizen und gepufftes Quinoa oder Puffreis dazugeben und wieder gut vermischen. Die Mischung mit einem Löffel in die vorbereiteten Förmchen füllen. Vorm Servieren zwei Stunden im Kühlschrank fest werden lassen. Übrig gebliebene Crossies in einem verschlossenen Behälter im Kühlschrank aufbewahren, sie halten sich dort zwei Wochen.

½ TL ZUGESETZTER ZUCKER PRO PORTION

MISO-WALNUSS-BROWNIES

ERGIBT 16 BROWNIES

Brownies aus dem Schongarer …? Yep! Dieses Meisterwerk ist absolut katastrophensicher. Und wie sehr Sie sich auch bemühen würden, es zu verderben, es wird trotzdem eine hübsch glänzende Oberfläche haben, außen knackig sein und innen schön saftig. Am besten mit Joghurt oder Sahne servieren. Wenn Ihr Schongarer mehr fasst als 4,5 Liter, müssen Sie die Mengenangaben verdoppeln.

Kokosöl, Butter oder Ghee zum Einfetten

150 g Mandelmehl

60 g rohes Kakaopulver

1 TL glutenfreies Backpulver

1 TL Meersalz

115 g ungesalzene Butter oder Kokosöl, geschmolzen

75 ml Reissirup

3 EL rote Misopaste

3 Eier

75 g gehackte Walnüsse

80 g dunkle Schokolade, 85–90 % Kakaoanteil, in kleine, gleichmäßige Stücke gehackt

vollfetter Bio-Naturjoghurt zum Servieren

Den Schongarereinsatz einfetten und mit Backpapier so auslegen, dass die Hälfte des Randes bedeckt ist.

In einer großen Schüssel Mandelmehl, Kakaopulver, Backpulver und Salz vermischen.

In einer anderen Schüssel geschmolzene Butter oder Kokosöl, Reissirup und Misopaste verquirlen. Eier hinzufügen und weiter verquirlen, bis alles sehr gut vermischt ist.

Butter-Miso-Mischung in die Schüssel mit den trockenen Zutaten gießen und alles gut vermischen. Walnuss- und Schokostücke unterheben. Den Teig in den vorbereiteten Schongarereinsatz gießen. Auf niedriger Stufe etwa zweieinhalb Stunden oder auf hoher Stufe eineinhalb Stunden backen, bis die Außenseite der Mischung fest und die Mitte nicht mehr flüssig ist. Deckel abnehmen und weitere 30 Minuten backen, bis die Mitte etwas fester ist.

Die Mitte der Brownies wird immer weicher als ihr Äußeres bleiben; nicht das Äußere anbrennen lassen, damit die Mitte fest wird.

Schongarer ausschalten und die gebackene Mischung 10–15 Minuten ruhen lassen. Vorsichtig aus der Schüssel nehmen, indem Sie die Ränder des Backpapiers anheben. Vor dem Schneiden komplett auskühlen lassen. Die Brownies auf dem Backpapier in einem verschlossenen Behälter aufbewahren. Sie halten sich so drei bis vier Tage oder tiefgekühlt vier Monate.

ERDNUSSBUTTER-BROWNIES
Die Anweisungen für Miso-Walnuss-Brownies befolgen, aber anstatt der Walnüsse vier gehäufte Esslöffel stückige, weiche Erdnussbutter einrühren. Auf niedriger Stufe drei Stunden oder auf hoher Stufe eineinhalb Stunden backen.

1½ TL ZUGESETZTER ZUCKER PRO PORTION

BLAUBEER-ORANGEN-SUPPE MIT BUTTER

ERGIBT 6 PORTIONEN

So einfach, dass es mir peinlich ist, das ein Rezept zu nennen.

1 TL ungesalzene Butter

4 cm langes Stück Ingwer, fein gehackt

350 g Blaubeeren (frisch oder gefroren)

Saft von 2 kleinen Blutorangen oder Mandarinen (oder 1 große Orange)

abgeriebene Schale von 1 Orange oder Mandarine

1 EL Reissirup

geschlagene Kokosglasur (Seite 50) oder geschlagene Sahne zum Servieren (optional)

1 Prise gemahlene Muskatnuss oder Zimt zum Servieren (optional)

Die Butter in einer kleinen Pfanne bei mittlerer Temperatur erwärmen und den Ingwer darin zwei bis drei Minuten dünsten. Beeren, Saft, Orangenschale und Reissirup hinzufügen und fünf Minuten köcheln lassen.

In kleine Schälchen oder in Teetassen füllen, mit etwas Sahne garnieren und nach Wunsch Muskatnuss oder Zimt darüberstreuen. Mit einem Löffel essen!

½ TL ZUGESETZTER ZUCKER PRO PORTION

1 PORTION GEMÜSE + OBST PRO PORTION

VIER ÜPPIGE MUG CAKES

Leckere Tassenkuchen für eine Person, in zwei Minuten in der Mikrowelle gemacht.

1. WÜRZIGER INGWER-MUG-CAKE

4 EL Mandelmehl oder anderes glutenfreies Mehl

3 EL Kokosraspeln

¼ TL Backpulver

¼ TL Ingwerpulver

½ TL Kürbisgewürz-Mischung (Seite 41) oder gemahlener Zimt

1 EL zerdrückte Pekannüsse und ein paar ganze Nüsse zum Servieren

½ TL Reissirup

1 Würfel gefrorenes Süßkartoffelpüree (Seite 25) oder 4 EL geriebene Süßkartoffel

4 EL Milch (beliebige Art)

vollfetter Bio-Naturjoghurt zum Servieren

Alle Zutaten in eine mikrowellenfeste Porzellantasse füllen und mit einem Löffel verrühren. Auf hoher Stufe zwei Minuten erhitzen. Mit Joghurt und Pekannüssen servieren.

½ TL ZUGESETZTER ZUCKER PRO PORTION

½ PORTION GEMÜSE + OBST PRO PORTION

2. SCHOKO-INGWER-BIRNEN-MUG-CAKE

4 EL Mandelmehl oder anderes glutenfreies Mehl

3 EL Kokosraspeln

¼ TL Backpulver

1 TL rohes Kakaopulver

½ TL Ingwerpulver

¼ Birne, entkernt und klein geschnitten

4 EL Milch (beliebige Art)

1 Würfel gefrorene rohe Schokolade (Seite 50)

Birnenspalten zum Garnieren

Alle Zutaten bis auf den gefrorenen Schokowürfel in eine mikrowellenfeste Porzellantasse füllen und mit einem Löffel verrühren. Den Schokowürfel in die Mitte der Mischung legen und nach unten drücken. Auf hoher Stufe zwei Minuten erhitzen. Mit Birnenspalten servieren.

4. ZITRONEN-MOHN-MUG-CAKE

4 EL Mandelmehl oder anderes glutenfreies Mehl

3 EL Kokosraspeln

¼ TL Backpulver

abgeriebene Schale von ½ Zitrone

1 EL Zitronensaft

1 TL Mohn und etwas mehr zum Garnieren

½ TL Reissirup

4 EL Milch (beliebige Art)

selbst gemachter Frischkäse (Seite 42) zum Servieren

Alle Zutaten in eine mikrowellenfeste Porzellantasse füllen und mit einem Löffel verrühren. Auf hoher Stufe zwei Minuten erhitzen. Mit einem Klecks Frischkäse und darübergestreutem Mohn servieren.

½ TL ZUGESETZTER ZUCKER PRO PORTION

3. ERDBER-KÄSEKUCHEN-MUG-CAKE

4 EL Mandelmehl oder anderes glutenfreies Mehl

3 EL Kokosraspeln

¼ TL Backpulver

1 EL Pistazien, klein gehackt und etwas mehr zum Garnieren

1 EL Erdbeer-Chia-Marmelade (Seite 51) oder 2–3 Erdbeeren, klein geschnitten und etwas mehr zum Garnieren

4 EL Milch (beliebige Art)

1 EL vollfetter Ricotta und etwas mehr zum Servieren (oder selbst gemachter Frischkäse, Seite 42)

Alle Zutaten in eine mikrowellenfeste Porzellantasse füllen und mit einem Löffel verrühren. Auf hoher Stufe zwei Minuten erhitzen. Mit einem Klecks Ricotta, Pistazien und Marmelade oder Erdbeeren servieren.

1. WÜRZIGER INGWER-MUG-CAKE
2. SCHOKO-INGWER-BIRNEN-MUG-CAKE
3. ERDBEER-KÄSEKUCHEN-MUG-CAKE
4. ZITRONEN-MOHN-MUG-CAKE

MIT FRISCHKÄSE GEFÜLLTE PFIRSICHE

ERGIBT 12 PFIRSICHHÄLFTEN

6 Pfirsiche, halbiert und entsteint

50 g ungesalzene Butter, geschmolzen

2 TL Zimt

225 g selbst gemachter Frischkäse (Seite 42)

3 EL Reissirup

1 Ei

1½ TL Vanilleextrakt (oder selbst gemachter, Seite 41)

Basilikumblätter zum Servieren

Den Backofen auf 180 °C vorheizen und ein Backblech mit Backpapier auslegen.

Von der gewölbten Seite jeder Pfirsichhälfte eine dünne Scheibe abschneiden, damit die Pfirsiche gut stehen und nicht umkippen. Jede Pfirsichhälfte mit der geschmolzenen Butter überziehen und dann mit der Schnittseite nach oben auf das vorbereitete Backblech legen. Mit Zimt bestreuen.

Frischkäse in einer Schüssel mit einem Stabmixer schlagen, bis er weich und glatt ist. Reissirup, Ei und Vanilleextrakt hinzufügen und cremig rühren. Die Mischung in die Mitte der Pfirsichhälften füllen. Etwa 35 Minuten backen, bis die Pfirsiche goldbraun sind.

Zum Servieren mit Basilikumblättern garnieren.

½ TL ZUGESETZTER ZUCKER PRO PORTION

½ PORTION GEMÜSE + OBST PRO PORTION

Diese habe ich (aus Versehen) gegessen, bevor das Foto gemacht wurde.

SONNENBLUMENKERN-HÄUFCHEN MIT ERDBEERMARMELADE

ERGIBT ETWA 16 HÄUFCHEN

Diese Art Plätzchen werden im Englischen »Thimbles« (Fingerhüte) genannt, nach der Vertiefung, die eigentlich mit einem Fingerhut eingedrückt werden soll. Ich kenne allerdings niemanden, der so etwas besitzt. Aber mit dem Daumen geht es auch.

200 g Sonnenblumenkerne

60 g Buchweizenmehl

2 EL Pfeilwurzelmehl

1 TL Backpulver

1 Prise Salz

50 g Butter oder Kokosöl, geschmolzen

3 EL Reissirup

1 Ei, getrennt

1 TL Vanilleextrakt (oder selbst gemachter, Seite 41)

3 EL Erdbeer-Chia-Marmelade (Seite 51)

Den Backofen auf 180 °C vorheizen und ein Backblech mit Backpapier auslegen.

Die Sonnenblumenkerne auf dem Backblech verteilen und im Backofen etwa zehn Minuten rösten, bis sie leicht gebräunt sind, dabei nach fünf Minuten schwenken. Drei Viertel der Sonnenblumenkerne in einem leistungsstarken Mixer oder der Küchenmaschine zu einem groben Mehl verarbeiten. In eine große Schüssel füllen und mit Buchweizenmehl, Pfeilwurzelmehl, Backpulver und Salz vermischen.

In einer kleinen Schüssel Butter, Reissirup, Eigelb und Vanilleextrakt mit einer Gabel verrühren. Die trockenen Zutaten unterheben und durchmischen, bis sich ein Teig formt.

Das Eiweiß in einer kleinen, sauberen Schüssel schaumig schlagen. Die übrigen Sonnenblumenkerne grob hacken und in eine andere kleine Schüssel füllen.

Mit einem kleinen Löffel Teig abnehmen und zu Kugeln formen. Jede Kugel in das schaumige Eiweiß tauchen und dann mit den grob gehackten Sonnenblumenkernen bedecken. Fertige Kugeln auf das Backblech setzen und mit dem Daumen (oder einem Fingerhut!) Vertiefungen in die Mitte drücken. In die Vertiefungen je einen halben Teelöffel Marmelade füllen. Etwa 10–15 Minuten backen, bis die Häufchen goldbraun sind. Auf einem Drahtgitter auskühlen lassen, die Häufchen werden fest, wenn sie ausgekühlt sind. In einem luftdicht verschlossenen Behälter halten sich die Kekse im Kühlschrank vier bis fünf Tage oder tiefgekühlt einen Monat.

Praktisch für Lunchboxen – einfach ein paar der gefrorenen Kekse hineingeben.

¼ TL ZUGESETZTER ZUCKER PRO PORTION

FESTLICHE GERICHTE

FÜR FEIERTAGE

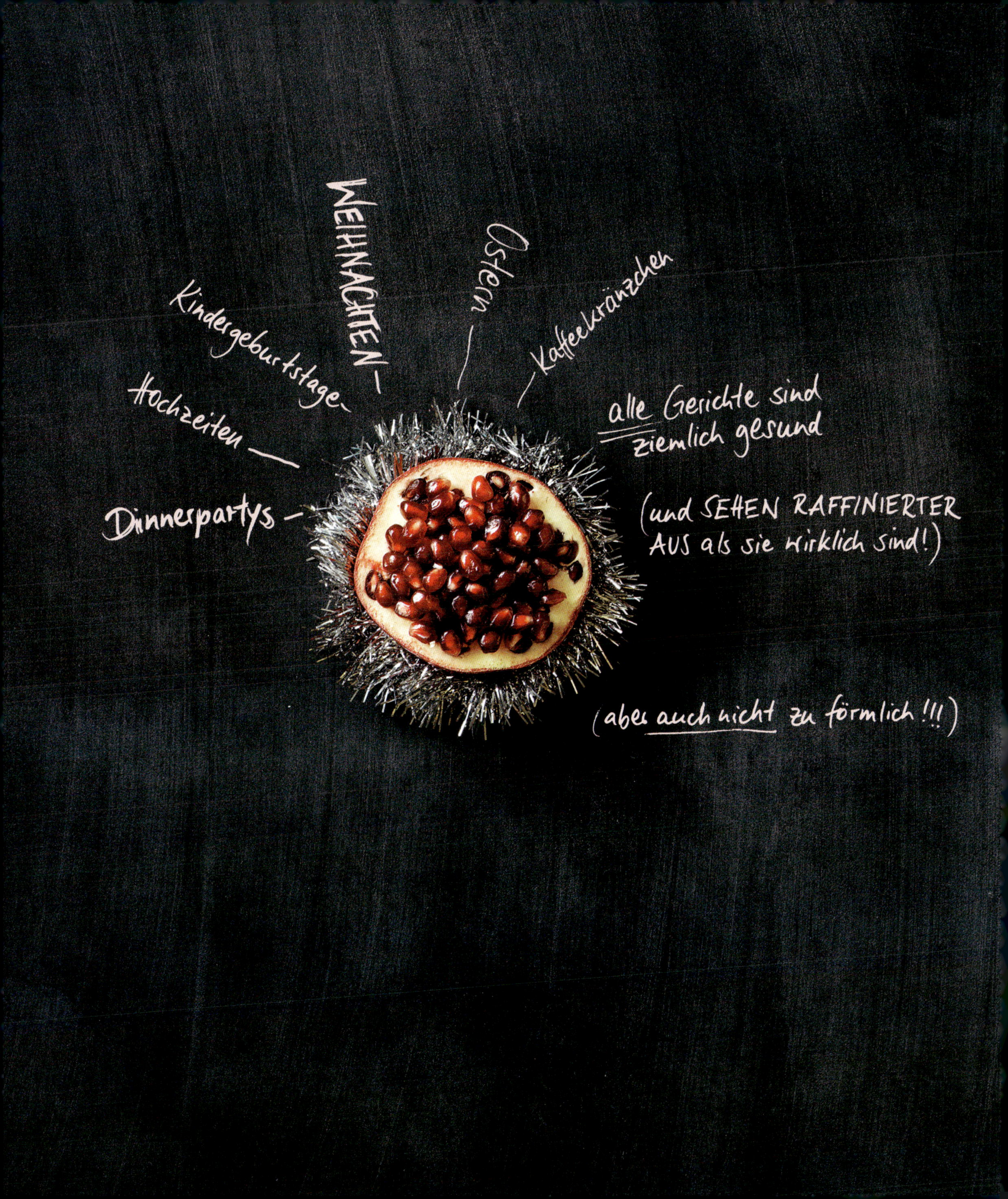
WEIHNACHTEN
Ostern
Kaffeekränzchen
Kindergeburtstage
Hochzeiten
Dinnerpartys
alle Gerichte sind ziemlich gesund
(und SEHEN RAFFINIERTER AUS als sie wirklich sind!)
(aber auch nicht zu förmlich!!!)

SUPERFOOD-LASAGNE

ERGIBT 6 PORTIONEN

Ich halte nichts von der Idee, ganz bestimmte Lebensmittel als Superfood zu bezeichnen. Für mich ist jedes Gericht super, das viel Gemüse und keine Giftstoffe enthält.

9 Reispapierblätter (22 cm Durchmesser)

200 g Spinatblätter oder 100 g vorgekochter und tiefgefrorener Spinat oder Mangold (Seite 24), aufgetaut und abgetropft

2 Nori-Blätter, in große Stücke gerissen (oder 1 EL Rotalgenflocken)

FLEISCHSAUCE

1 EL Kokosöl, Olivenöl, Butter oder Ghee

1 rote Zwiebel, fein gehackt

500 g Hackfleisch (egal welches)

2 Knoblauchzehen, zerdrückt

¼ TL Cayennepfeffer oder nach Geschmack

1 TL fermentierte Kurkumapaste (Seite 220) oder frisch geriebene Kurkuma (oder ½ TL Kurkumapulver)

250 ml Nomatensauce (Seite 45) oder 300 g gewürfelte Tomaten und 1 TL getrockneter Oregano

300 g geraspelter Kürbis oder 250 g Kürbis- oder Süßkartoffelpüree (Seite 25)

Meersalz und frisch gemahlener schwarzer Pfeffer

KÄSE-BLUMENKOHL-SAUCE

1 Kopf Blumenkohl, klein geschnitten

2 EL Butter

125 ml Milch (beliebige Art)

50 g geriebener Parmesan und noch etwas für das Topping

Meersalz und frisch gemahlener schwarzer Pfeffer

Den Backofen auf 180 °C vorheizen und eine Springform mit 22 cm Durchmesser einfetten.

Für die Fleischsauce Kokosöl, Butter oder Ghee in einer großen Bratpfanne bei mittlerer bis hoher Temperatur erhitzen. Zwiebel und Hackfleisch hinzufügen und drei bis vier Minuten anbraten. Knoblauch, Cayennepfeffer und Kurkuma dazugeben und ein bis zwei Minuten braten. Nomatensauce oder Tomaten einfüllen, dann die Temperatur zurückschalten, und 15–20 Minuten köcheln, bis die Sauce eingedickt ist.

Derweil für die Käse-Blumenkohl-Sauce den Blumenkohl dämpfen oder in Wasser kochen, bis er weich ist (etwa acht Minuten). Abseihen. Butter, Milch, Parmesan, Salz und Pfeffer hinzufügen und mit einem Stabmixer pürieren, bis die Masse cremig und glatt ist (oder in der Küchenmaschine pürieren).

Um die Lasagne zuzubereiten, ein Drittel der Fleischsauce auf dem Boden der Springform verteilen, mit drei Reispapierblättern bedecken, dann darauf ein Drittel der Käse-Blumenkohl-Sauce füllen. Das Gleiche für weitere zwei Schichten wiederholen, dabei nach der zweiten und dritten Schicht Käse-Blumenkohl-Sauce je eine Lage Spinat und Nori hinzufügen. Zum Schluss mit dem Extra-Parmesan bestreuen und Pfeffer darübermahlen. Etwa 40 Minuten backen, bis die Oberfläche gebräunt und der Käse geschmolzen ist. Vor dem Servieren zehn Minuten ruhen lassen.

3 PORTIONEN GEMÜSE + OBST PRO PORTION

Stellen Sie sich meine FREUDE!!! vor, als ich merkte, dass das Standardreispapier GENAU DENSELBEN Durchmesser hat wie meine Springform!!

BUNTER WEIHNACHTSBAUM AUS KÄSE

ERGIBT 8 PORTIONEN

500 g Frischkäse, vorzugsweise selbst gemacht (siehe Seite 42), Raumtemperatur

250 g Cheddar, fein gerieben (oder 125 g Cheddar und 125 g Feta oder Gorgonzola)

1 EL Dijon-Senf

3 Frühlingszwiebeln, in dünne Ringe geschnitten

Meersalz und frisch gemahlener schwarzer Pfeffer

20 g fein gehackte glatte Petersilie

ZUM GARNIEREN

Bacon-Stücke (Seite 40)

Mandelblättchen

Granatapfelkerne

Frischkäse, Cheddar und Senf in einer Schüssel mit einem Stabmixer verrühren. Frühlingszwiebeln unterrühren und mit Salz und Pfeffer würzen. Schüssel zudecken und mindestens zwei Stunden oder über Nacht zum Festwerden in den Kühlschrank stellen.

Der geformte Käseball hält sich tiefgefroren bis zu zwei Monaten.

Zum Servieren zuerst zu einer Kugel, dann zu einer Weihnachtsbaumform kneten. Den Käseweihnachtsbaum in der gehackten Petersilie wälzen, dabei wenn nötig mit den Händen nachformen. Mit Bacon-Stücken, Mandelblättchen und Granatapfelkernen dekorieren.

Mit Kräckern oder Gemüsesticks servieren.

Wie wär's mit einem Weihnachtsstern? Aus Käse geschnitten.

PS Dieses Brot mache ich gern am Tag nach der Zubereitung eines großen Bratens. Ich koche extra Gemüse + bewahre etwas vom Bratensaft für die Pilzsauce auf.

GEMÜSEBROT AUS DEM BACKOFEN

MIT PILZSAUCE UND ROSENKOHL-PECORINO-SALAT

ERGIBT 6–8 PORTIONEN

Ein Gemüsebrot aus dem Backofen mit Zutaten und Beilagen, die es zu einem Festessen machen.

Schön ist eine Mischung aus Blumenkohl, Süßkartoffel und Stangensellerie; oder eine Mischung aus Pastinaken, Kürbis und Karotten.

750 g rohes Gemüse, klein geschnitten

1 Zwiebel, gehackt

4 Knoblauchzehen mit Haut

3 Eier

1 TL gehackter Rosmarin

1 EL gehackter Thymian und noch einige Zweige zum Garnieren (optional)

1 gute Prise Meersalz

3 EL Mehl (beliebige Art)

40 g Kokosöl, geschmolzen

150 g gehackte Pistazien

PILZSAUCE

1–3 EL Butter nach Geschmack

je 1 Prise Meersalz und frisch gemahlener schwarzer Pfeffer

150 g Champignons, in Scheiben geschnitten

125 ml Sahne

Den Backofen auf 200 °C vorheizen und ein Blech und eine Brotbackform (23 cm × 13 cm) mit Backpapier auslegen.

Wenn übrig gebliebenes Gemüse genommen wird, 600 g geröstetes Wurzelgemüse (Seite 25) nehmen, den Schritt zum Rösten auslassen und dem Rest des Rezepts folgen (oh, und nur einen Esslöffel flüssiges Kokosöl nehmen).

Gemüse, Zwiebel und Knoblauch auf das Backblech legen und etwa 30 Minuten backen. In eine Küchenmaschine füllen (den Knoblauch vorher aus seiner Haut drücken) und zerkleinern, bis die Textur des Gemüses Brotkrumen ähnelt. Eier, Kräuter und Salz hinzufügen und pürieren, bis alles gut vermengt, aber noch etwas stückig ist. Mehl, Kokosöl und Pistazien unterrühren.

Die Mischung in die vorbereitete Brotbackform füllen und 40–50 Minuten backen, bis ein in die Mitte des Brotes eingestochenes Holzstäbchen sauber wieder herauskommt. (Wenn Sie mögen, nach 25 Minuten aus dem Backofen nehmen und die Extra-Thymianzweige in das Brot drücken.) Das Brot aus dem Ofen nehmen und in der Form etwas auskühlen lassen.

Für die Pilzsauce Butter, Salz, Pfeffer und Pilze in einer kleinen Bratpfanne bei niedriger Temperatur etwa zehn Minuten dünsten, bis die Pilze weich sind. Dann die Sahne einrühren. Sauce reduzieren, bis die gewünschte Konsistenz erreicht ist.

Das Brot aus der Form nehmen und in dicke Scheiben schneiden. Mit der Pilzsauce und dem Rosenkohl-Pecorino-Salat (siehe unten) servieren.

ROSENKOHL-PECORINO-SALAT

ERGIBT 6–8 BEILAGEN

1 grüner Apfel, in dünne Stifte geschnitten

400 g Rosenkohl, gehobelt oder geraspelt

125 ml Powerhouse-Dressing (Seite 47)

2 große Handvoll Rucola- oder Brunnenkresseblätter

100 g geriebener Pecorino oder Parmesan

gehackte Haselnüsse und Granatapfelkerne zum Garnieren (optional)

Apfelstifte, Rosenkohl und Dressing in einer großen Schüssel vermischen und 20 Minuten durchziehen lassen. Mit den Blättern und dem geriebenen Käse garnieren und, wenn verwendet, Haselnüsse und Granatapfelkerne darüberstreuen.

3 PORTIONEN GEMÜSE + OBST PRO PORTION

Scherze, die wirklich nur zu Weihnachten toleriert werden
2. BESTE-ZUTATEN-SALAT
1. GLASIERTER WEIHNACHTSSCHINKEN OHNE ZUCKER
Dieser hier ist mit Radieschen aufgenommen.
4. GRÜNER AUSGLEICHSSALAT

SCHÖNES FÜR EINEN GESUNDEN WEIHNACHTSTAG

Kreiert zum Sparen von Zeit, Töpfen, Mühe + Familienkonflikten!

3. ROTKOHLSALAT MIT KARAMELLISIERTER ROSA GRAPEFRUIT

für die Rezepte umblättern …

1. GLASIERTER WEIHNACHTSSCHINKEN OHNE ZUCKER

ERGIBT 8 PORTIONEN UND VIELE RESTE

Schweinenacken ist ein preiswertes Stück, Schweinekeulen (auch Hinterschinken) sind es erstaunlicherweise auch. Weil wenig Leute die Stücke frisch kaufen (die meisten kaufen sie geräuchert als Schinken), kann man sie preiswert bekommen.

1,8 kg Schweinenacken oder 2 kg Schweineschinken

125 ml Reissirup

4 EL Olivenöl

1 EL Paprikapulver

2 TL gemahlene Gewürznelken

1 TL gemahlener Zimt

je 1 TL Meersalz und frisch gemahlener schwarzer Pfeffer

abgeriebene Schale von 1 Orange

3 EL Orangensaft

Weihnachtsvorabend: Einen Bräter mit Backpapier auslegen. Das Fleisch unter laufendem kaltem Wasser waschen und mit Küchenpapier trocken tupfen.

Den Reissirup und das Olivenöl mit vier Esslöffeln Wasser in einen Becher füllen und Gewürze, Salz, Pfeffer und Orangenschale und -saft hinzufügen. Über das Fleisch gießen und mit den Händen gut einreiben. In den vorbereiteten Bräter legen, zudecken und im Kühlschrank mindestens acht Stunden oder über Nacht marinieren.

Weihnachtstag: Den Backofen auf 200 °C vorheizen. Den Schinken aus dem Kühlschrank nehmen und zehn Minuten bei Raumtemperatur stehen lassen. 250 ml Wasser auf den Boden des Bräters angießen und Schinken in den Backofen stellen. 30 Minuten backen, dann den Bräter drehen und weitere 30 Minuten backen, dabei 125 ml Wasser nachgießen, wenn nötig. Noch einmal 30 Minuten backen und den Bräter dabei nach 15 Minuten drehen. Warm mit dem Beste-Zutaten-Salat rechts auf dieser Seite) servieren.

Etwas davon verdampft mit der Flüssigkeit!

1½ TL ZUGESETZTER ZUCKER PRO PORTION

2. BESTE-ZUTATEN-SALAT

ERGIBT 8 PORTIONEN

500 g Rosenkohl

800 g Butternuss-Kürbis

2 große Pastinaken

alles in 2,5 cm große Stücke schneiden

3 Zweige Rosmarin oder Thymian, Blätter abgezupft und grob gehackt und noch etwas zum Garnieren

200 g Pancetta, in 1 cm große Würfel geschnitten

125 ml Olivenöl oder 115 g Kokosöl

Meersalz und frisch gemahlener schwarzer Pfeffer

300 g gekochter Buchweizen (Seite 29)

115 g Pekannüsse, grob gehackt

1 Pink-Lady-Apfel, in 1 cm große Stücke geschnitten

1 Spritzer Apfelessig

Granatapfelkerne zum Garnieren

Weihnachtsvorabend: Den Backofen auf 200 °C vorheizen. Gemüse, Kräuter und Pancetta auf ein oder zwei Backblechen verteilen. Mit Öl beträufeln und nach Geschmack mit Salz und Pfeffer würzen. 45 Minuten rösten, nach der Hälfte der Zeit einmal wenden.

Buchweizen und Pekannüsse auf einem anderen Backblech verteilen und in den Ofen schieben. Alles zusammen etwa weitere zehn Minuten rösten, bis die Pekannüsse goldbraun sind. Aus dem Backofen nehmen und abkühlen lassen. Wenn alles abgekühlt ist, Gemüse in einen und Buchweizen mit Pekannüssen in einen anderen Behälter füllen und beides an einem kühlen Ort aufbewahren (der Kühlschrank ist hierfür nicht nötig).

Wurzelgemüse wird beim Abkühlen besser – sowohl in der Textur als auch im Geschmack – und liefert viel resistente Stärke … die bei der nachweihnachtlichen Verdauung hilft.

Weihnachtstag: In einer großen Servierschüssel Gemüse und gerösteten Buchweizen und Pekannüsse vermischen, Apfelstücke hinzufügen und mit etwas Apfelessig beträufeln. Mit Granatapfelkernen und Rosmarin oder Thymian garnieren.

2 PORTIONEN GEMÜSE + OBST PRO PORTION

3. ROTKOHLSALAT MIT KARAMELLISIERTER ROSA GRAPEFRUIT

ERGIBT 8 PORTIONEN

½ Rotkohl, geraspelt

2 Rote Beten, geputzt, gebürstet und geraspelt

2 rote (oder orange) Karotten, geraspelt

1 rote Zwiebel, in dünne Scheiben geschnitten

125 ml Powerhouse-Dressing (Seite 47)

Meersalz und frisch gemahlener schwarzer Pfeffer

2 rosa Grapefruits oder 3 Blutorangen oder 2 Orangen, segmentiert

1 paar Stücke Butter

70 g zerkrümelter Feta zum Servieren

Weihnachtsvorabend/-morgen: Rotkohl, Rote Beten, Karotten und Zwiebeln mit dem Dressing in einer Schüssel vermischen. Mit Salz und Pfeffer würzen. Zudecken und über Nacht in den Kühlschrank stellen (oder ein paar Stunden, wenn Sie den Salat morgens zubereiten).

Weihnachtstag: Grapefruit- oder Orangensegmente auf einem mit Backpapier ausgelegten Blech ausbreiten. Butterflöckchen daraufsetzen und leicht salzen. Unter den Grill schieben (oder in den heißen Backofen – zusammen mit dem Schinken!) und fünf bis acht Minuten erhitzen. Abkühlen lassen.

Zum Servieren die karamellisierte Grapefruit oder Orange zu dem Salat geben und den zerkrümelten Feta darüberstreuen.

1 PORTION GEMÜSE + OBST PRO PORTION

4. GRÜNER AUSGLEICHSSALAT

ERGIBT 6–8 PORTIONEN

etwas Bitteres + Grünes, um die Magensaftproduktion anzukurbeln.

1 großes Bund Brunnenkresse, Blätter abgezupft (oder Rucolablätter und/oder Chicoréeblätter, halbiert)

2 kleine Fenchelknollen, Strunk entfernt, längs halbiert und in dünne Scheiben geschnitten (Grün aufheben)

2 Handvoll Minzeblätter

½ rote Zwiebel, halbiert und in dünne Scheiben geschnitten

1 grüner Apfel, halbiert und in dünne Scheiben geschnitten, oder 6 Radieschen, in dünne Scheiben geschnitten

75 ml Powerhouse-Dressing (Seite 47)

Blätter, Fenchel, Minze, Zwiebel und Apfel oder Radieschen in einer großen Schüssel oder auf einer Servierplatte vermengen. Das Dressing darübergießen und mit dem Salat vermischen. Mit dem Fenchelgrün garnieren.

UND GEHALTVOLLER

Dafür gibt man hinzu: 270 g gekochte Quinoa (Seite 28) oder eine 400-g-Dose braune Linsen, gespült und abgetropft, zusammen mit 150 g tiefgefrorenen Erbsen, zwei Minuten in heißem Wasser gekocht, und 60 g geröstete Kürbiskerne.

1 PORTION GEMÜSE + OBST PRO PORTION

KAKAO-CAYENNE-PEKANNÜSSE

ERGIBT ETWA 450 G

Diese Nüsse sind ein schönes Weihnachtsgeschenk für Erwachsene. Bei einer meiner Veranstaltungen nahm mich einmal ein Vater beiseite, der mit seiner Tochter gekommen war. Er fragte, ob ich nicht mehr »Schokoladensachen für Männer« machen könne. Hoffentlich ist das hier etwas, das ihm gefällt, und hoffentlich findet seine Tochter dieses Rezept hier.

Butter zum Einfetten

3 Eiweiße

1 Prise Meersalz

75 ml Reissirup

40 g rohes Kakaopulver

½ TL gemahlener Ingwer

¼ TL Cayennepfeffer (und mehr, wenn Sie es scharf mögen)

1 TL gemahlener Zimt

450 g Pekannüsse (vorzugsweise aktiviert, Seite 30)

Den Backofen auf 80 °C vorheizen und ein Edelstahl-Backblech mit Butter einfetten.

Eiweiße mit der Prise Salz in einer sauberen Schüssel schlagen. Nach und nach den Reissirup hinzufügen, dann das Kakaopulver und die Gewürze gut vermischen. Pekannüsse unterrühren, sodass sie vollständig von der Mischung bedeckt sind. Die Nüsse auf dem Backblech ausbreiten und etwa eineinhalb Stunden in den Ofen stellen, bis die Schicht um die Nüsse hart wird. Nüsse abkühlen lassen. In einem luftdichten Behälter halten sie sich einen Monat.

DAS ÜBRIG GEBLIEBENE EIGELB VERBRAUCHEN
Omelette oder Frittata machen.
Oder einfrieren (siehe Seite 27).

1 TL ZUGESETZTER ZUCKER PRO PORTION

Ich schneide ihn, wenn er
noch tiefgefroren ist, erhitze ihn
in der Mikrowelle + esse ihn
mit Butter.

MEIN ETWAS ABGEWANDELTER WEIHNACHTSKUCHEN

ERGIBT 16 STÜCK

Ich habe die für den traditionellen englischen Weihnachtskuchen üblichen getrockneten und glasierten Früchte und das Gluten weggelassen, aber Brandy und Mandeln beibehalten und dann dunkle Schokolade, Kokosnüsse, Walnüsse und, ja, Rote Bete hinzugefügt. Das Ergebnis krönt garantiert jedes Fest.

Eine Warnung

Traditionelle Weihnachtskuchen voller getrockneter Früchte halten sich so lange, weil die Früchte voller Zucker und Alkohol sind. Beide wirken als Konservierungsmittel, und manchmal bleibt Kuchen dadurch mehrere Monate lang feucht und schimmelfrei. Dieser Kuchen ist anders. In einem luftdichten Behälter hält er sich eine Woche, tiefgefroren zwei Monate.

250 g glutenfreies Mehl

2 TL Backpulver

½ TL Salz

75 g Kokosraspeln

100 g Mandelmehl

4 EL rohes Kakaopulver

1 EL glutenfreies Backpulver

2 TL gemahlener Zimt

2 TL Ingwerpulver

2 TL gemahlener Kardamom

½ TL gemahlene Gewürznelken

1 EL abgeriebene Orangenschale

115 g Walnüsse, gehackt

100 g Schokolade (85–90 % Kakaoanteil), grob gehackt

200 g Butter, gewürfelt

125 ml Reissirup

4 Eier

3 EL Brandy

300 g geraspelte Rote Bete (etwa 2–3 Rote Bete)

70 g blanchierte Mandeln (optional)

Den Backofen auf 160 °C vorheizen und eine Springform mit 20 cm Durchmesser mit Backpapier auslegen.

In einer großen Schüssel Mehl, Backpulver, Kokosraspeln, Mandelmehl, Kakaopulver, Gewürze und Orangenschale vermischen. Mit Walnüssen und Schokolade vermengen.

Butter und Reissirup in einem kleinen Topf bei mittlerer Temperatur schmelzen (oder in der Mikrowelle). Etwas abkühlen lassen.

Die Eier in eine andere Schüssel aufbrechen und schlagen. Den Brandy einrühren, dann die geschmolzene Butter und den Reissirup.

Die feuchten Zutaten in die trockenen gießen. Rote Bete hinzufügen und gut verrühren. Die Mischung in die vorbereitete Springform füllen und glatt streichen. Falls verwendet, mit blanchierten Mandeln garnieren. Form mit Folie abdecken und eine Stunde und 15 Minuten backen. Folie abnehmen und weitere 15–25 Minuten backen, bis ein in die Mitte eingestecktes Holzstäbchen sauber wieder herauskommt. Kuchen 20 Minuten in der Form stehen lassen, bevor man ihn herausnimmt.

Der Kuchen kann warm oder kalt gegessen werden.

1½ TL ZUGESETZTER ZUCKER PRO PORTION

KARDAMOM-MEERSALZ-GANACHE-TORTE

ERGIBT 16 STÜCKE

270-ml-Dose Kokoscreme

2 EL Kardamomkapseln, mit einem Messerrücken leicht zerdrückt, bis die äußere Schale bricht

½ TL reines Vanillepulver oder 1 TL Vanilleextrakt (oder selbst gemachter, Seite 41)

100 g dunkle Schokolade (85–90 % Kakaoanteil), gehackt

1 Prise Meersalz und frisch gemahlener schwarzer Pfeffer

grobes Meersalz zum Garnieren

Beeren, essbare Blüten und aktivierte Buchweizenkörner (Seite 29) zum Garnieren (optional)

BODEN

75 g Kokosöl

4 EL Reissirup

150 g Kokosraspeln

1 EL rohes Kakaopulver

Den Backofen auf 180 °C vorheizen.

Für den Boden Kokosöl und Reissirup in einem Topf schmelzen. Vom Herd nehmen, die Kokosraspeln und das Kakaopulver hinzufügen und gut vermischen. Mit der Mischung Boden und Seiten einer Quicheform oder einer Form für Tortenböden bedecken – sie muss vorher nicht eingefettet werden –, sodass Boden und Seiten überall etwa 5 mm dick sind. Den Boden 15–20 Minuten backen. Aus dem Ofen nehmen und zum Auskühlen und Festwerden beiseitestellen.

Derweil Kokoscreme, Kardamomkapseln und Vanillepulver oder -extrakt in einem Topf zum Köcheln bringen, dann vom Herd nehmen, Topf zudecken und die Mischung zehn Minuten ziehen lassen.

Die Kokoscreme-Mischung in eine Schüssel durchseihen, dabei vier Esslöffel im Topf lassen, falls man sie im Notfall braucht. Kardamomkapseln wegwerfen oder für Chai aufheben. Schokolade und Salz in die Schüssel hinzugeben, und alles gut verschlagen, bis es seidig und geschmolzen ist. Wenn die Fette sich voneinander trennen sollten und die Ganache auszusehen beginnt wie ein schokoladiger Hüttenkäse, die zurückgehaltene Kokoscreme-Mischung hinzufügen und schnell alles durchschlagen, damit es sich wieder verbindet.

Die seidige Mischung in den Tortenboden gießen und im Kühlschrank fest werden lassen (mindestens zwei Stunden). Nach Wunsch mit etwas grobem Meersalz, Beeren, Blüten und aktivierten Buchweizenkörnern garnieren.

1 TL ZUGESETZTER ZUCKER PRO PORTION

GRÜNER-SMOOTHIE-KUCHEN MIT FRISCHKÄSE-GLASUR

ERGIBT 14 STÜCKE

Butter oder Kokosöl zum Einfetten

etwa 300 g Spinat, geputzt, Blätter und Stiele grob gehackt

abgeriebene Schale und Saft von 1 Zitrone

3 Eier

125 ml Reissirup

2 TL Vanilleextrakt (oder selbst gemachter, Seite 41)

250 g braunes Reismehl, gemischt mit 2½ TL Backpulver

75 ml Olivenöl extra vergine

175 g Mandelmehl

1 Zucchini, fein geraspelt und in einem sauberen Küchentuch ausgedrückt, um die Flüssigkeit zu entfernen

375 g Frischkäse-Glasur (Seite 50)

Den Backofen auf 180 °C vorheizen und eine runde Kuchenform mit 20 cm Durchmesser oder eine quadratische mit 20 cm Seitenlänge mit Backpapier auslegen.

Spinat in der Küchenmaschine sehr fein hacken, dann den Zitronensaft hinzufügen und zu einer Paste verarbeiten.

Eier und Reissirup in einer großen Schüssel schlagen, bis die Masse dick und glänzend ist – das dauert mit einem elektrischen Handrührgerät etwa vier bis fünf Minuten. (Wenn man die Schläger aus der Masse hebt, sollte ein feiner Strahl herabfließen.) Vanilleextrakt und Zitronenschale mit in die Mischung hineinschlagen. Mit einem großen Metalllöffel nach und nach abwechselnd Mehl und Öl unterrühren. Mandelmehl untermischen, bis alles eine glatte Masse bildet. Dann Spinat und Zucchini hineinrühren. Die Mischung in die vorbereitete Form füllen und die Oberfläche glatt streichen. Etwa 45–50 Minuten backen, bis ein in die Mitte eingestecktes Holzstäbchen sauber wieder herauskommt. Den Kuchen in der Form komplett auskühlen lassen.

Wenn der Kuchen ausgekühlt ist, aus der Form nehmen und mit einem Spatel den Guss überziehen. Zum Servieren in Scheiben schneiden.

Am besten serviert man den Kuchen ganz frisch, aber man kann ihn auch in einem luftdichten Behälter im Kühlschrank drei Tage aufbewahren. Oder er kann in Scheiben geschnitten eingefroren werden und hält sich dann im Tiefkühlfach einen Monat.

1½ TL ZUGESETZTER ZUCKER PRO PORTION

Wie ein grüner Smoothie, außer dass man ihn mit der Gabel isst…

FERMENTIERTES UND GEKEIMTES FÜR EINEN GESUNDEN DARM

FERMENTIERTES, Gekeimtes und
BAKTERIEN-Vermehrendes –
einfach magisch!
Für eine VERBLÜFFEND
gesunde, glückliche,
ausbalancierte innere
Gesundheit.

MEIN INDISCHES KIMCHI

ERGIBT ETWA 1–2 L

Drei Arten, Kimchi zu verwenden

1. Für einen knusprigen Bibimbap-Topf aus der Pfanne (Seite 168).
2. Für einen Kimchi-Käse-Sandwich (Seite 68).
3. Für noch mehr Pep in den Super Bowls (Seite 86–95).

Es gibt vier gute Gründe, warum ich meine kurkumagefärbten Arme in diese süß-würzige Version des koreanischen Klassikers tauche. Daikon kurbelt die Produktion von Verdauungsenzymen an, die wir brauchen, um Fette, komplexe Kohlenhydrate und Proteine zu verdauen. Es hat sich auch gezeigt, dass es den Karzinogenen in verarbeitetem und gebratenem Essen entgegenwirkt; deswegen wird Daikon in Japan traditionell mit Tempura serviert. Und noch besser – wenn man Daikon zusammen mit betakarotinhaltigen Lebensmitteln (wie Karotten) isst, verbessert er die Fähigkeit des Körpers, Vitamin D zu absorbieren. Wann ist die beste Zeit, diese Kombination zu essen, mögen Sie vielleicht fragen? Nun, genau am Ende des Sommers, wenn beide Gemüse ihren Saisonhöhepunkt haben und bei uns die dunklen Monate bevorstehen. Denn genau dann sinkt unser Vitamin-D-Spiegel. Ist das nicht wunderbar eingerichtet?

800 g–1 kg Karotten, geschält

1 Daikon, geschält

5–7 cm langes Stück Kurkumawurzel, geschält

2 große rote Chilischoten, fein gehackt (oder 1 EL Chiliflocken)

2 TL Fenchelsamen

2 TL Senfsamen

3 EL rosa Himalaya-Salz (im Sommer) oder 1 EL Salz und 4 EL selbst gemachte Molke (Seite 42, im Winter)

Ich verwende Salz für das Kimchi, weil das Ferment etwas verlangsamt werden muss, wenn das Kimchi leicht spritzig werden soll. Wenn bei Ihnen das Glas kühler als 20 °C steht, können Sie das Fermentieren auch beschleunigen, indem Sie etwas Molke und weniger Salz nehmen.

Karotten, Daikon und Kurkuma raspeln (mit dem Raspeleinsatz des Mixers oder der Küchenmaschine) und in ein großes Glasgefäß oder eine Keramikschüssel füllen. Die restlichen Zutaten hinzufügen. Alles gut verrühren und 20 Minuten stehen lassen, damit das Salz (und eventuell die Molke) die Flüssigkeit aus den Zutaten zieht. Wenn die Masse nicht saftig genug aussieht, können Sie mit einem Fleischklopfer oder einem Stößel die Gemüse ausdrücken, damit ihre Säfte austreten.

Die Mischung in ein großes Glas mit Deckel füllen. Die Gemüse hinunterdrücken, sodass sie von dem Saft bedeckt sind. Ein Gewicht darauf platzieren, damit die Gemüse vom Saft bedeckt bleiben, und den Deckel lose auflegen. Nun bei Raumtemperatur drei bis fünf Tage (ohne Molke ein bis zwei Wochen) stehen lassen, dann den Deckel fest verschließen und das Kimchi in den Kühlschrank stellen. Dort hält es sich drei Monate.

½ PORTION GEMÜSE + OBST PRO PORTION

FERMENTIERTE KURKUMAPASTE

ERGIBT 250 ML

Wegen seiner schon lange bekannten antientzündlichen, antibakteriellen und antiviralen Eigenschaften ist Kurkuma ein fester Bestandteil der ayurvedischen Küche. Sein Inhaltsstoff Kurkumin ist auch eine reiche Quelle von Antioxidantien und soll zur Hemmung der Blutgerinnung beitragen und so Schlaganfälle verhindern helfen. Allerdings wird Kurkumin vom Körper nur schwer absorbiert, es sei denn, man isst es zusammen mit Fett (es ist fettlöslich) oder schwarzem Pfeffer (das Piperin im Pfeffer erhöht die Absorption um 2000 Prozent), oder man fermentiert es. Hier also zwei Rezepte, die sicherstellen, dass Sie von dieser Wurzel voll und ganz profitieren.

Kreuzkümmel erhöht die Bioverfügbarkeit von Kurkumin.

200 g Kurkumawurzel, geschält und grob gehackt

½ TL frisch gemahlener schwarzer Biopfeffer oder Biokreuzkümmel

¼ – ½ TL Meersalz

4 EL selbst gemachte Molke (Seite 42) und noch etwas mehr zum Bedecken

Rechnen Sie mit einer Verfärbung Ihres Mixers.

In einem leistungsstarken Mixer (oder mit Mörser und Stößel) die Kurkumawurzel zu einer glatten Paste verarbeiten. Pfeffer oder Kreuzkümmel, Salz und Molke hinzufügen. Fest in ein kleines Gefäß drücken, und noch etwas Molke daraufgießen, sodass die Kurkumapaste vollständig davon bedeckt ist. Mit einem Deckel verschließen und an einem kühlen, dunklen Ort etwa fünf Tage stehen lassen, dabei wenn nötig noch etwas Molke nachgießen. Die Paste hält sich gut verschlossen im Kühlschrank bis zu sechs Monaten.

Sie können für die Paste auch das übrig gebliebene fermentierte Kurkuma von meiner Zitronen-Kurkuma-Limo (Seite 227) verwenden (ich mach das). Was Ihnen lieber ist.

EINFACHE KURKUMAPASTE

Wenn Sie keine frische Kurkumawurzel bekommen können, machen Sie das hier.

4 EL Kurkumapulver

¾ TL fein gemahlener schwarzer Pfeffer

Kurkuma und Pfeffer mit 125 ml Wasser in einem Topf zum Kochen bringen. Temperatur reduzieren und köcheln lassen, dabei kräftig rühren, bis die Mischung zu einer dicken Paste wird (etwa fünf bis sieben Minuten). Abkühlen lassen, dann in ein verschließbares Gefäß füllen. Hält sich im Kühlschrank zwei Wochen.

GUT-FÜR-DEN-DARM-KNOBLAUCH

ERGIBT 1 L

Knoblauch hat erstaunliche Fähigkeiten und bekämpft insbesondere Infektionen im Verdauungstrakt und in der Lunge, kann jedoch roh gegessen dem Magen zusetzen. Sie kennen das? Fermentation löst eine Menge Probleme, auch dieses. Und außerdem – wenn Sie es hassen, Knoblauchzehen zu häuten, ist es eine gute Idee, es gleich bei einigen Knollen auf einmal hinter sich zu bringen. Beachten Sie meinen eleganten Trick zum Schälen.

6–8 Knollen Knoblauch

1 TL rosa Himalaya-Salz

1 EL selbst gemachte Molke (Seite 42) oder 1 TL Salz

1 TL getrockneter Oregano oder getrocknetes Basilikum (optional)

1 Lorbeerblatt (optional)

Den Backofen auf 90 °C vorheizen. Die Knoblauchknollen auf einem Backblech verteilen und etwa eine Stunde backen, bis die Zehen aus ihren Häuten platzen. (Bei einigen Backöfen kann es länger dauern, aber lassen Sie sich nicht dazu verleiten, die Temperatur zu erhöhen!) Knoblauch etwas abkühlen lassen, dann einfach die Zehen aus ihren Häuten drücken, dabei aber die Zehenenden intakt lassen. Zusammen mit den anderen Zutaten in ein großes Einmachglas füllen und mit Wasser bedecken, dabei 3 cm bis zum Glasrand frei lassen. Lose zudecken und drei bis fünf Tage auf der Arbeitsfläche stehen lassen (ohne Molke etwas länger). Das Glas fest verschließen und bis zu sechs Monaten im Kühlschrank aufbewahren. Vor dem Verzehr am besten ein paar Wochen ziehen lassen.

Knoblauch vorsichtig behandeln

Beschädigen Sie das Fleisch der Knoblauchzehen möglichst nicht, vor allem nicht das Ende (nicht abschneiden). Bei Beschädigungen fermentieren die Zehen ungleichmäßig, und das Knoblauchfleisch kann blau werden; doch ein Grund zur Sorge ist das nicht, es liegt daran, dass eine Aminosäure mit der Säure des Ferments reagiert. Macht nichts, ist nur nicht schön.

ein Mittelding zwischen Lauch und Knoblauch
Ich nehme gern russischen Knoblauch, auch Elefanten-knoblauch oder Riesenknoblauch genannt, weil er einen etwas milderen Geschmack hat.
PS Wenn Sie den fermentierten Knoblauch nach und nach essen, füllen Sie jeweils den Rest in ein kleineres Glas, damit weniger Sauerstoff rankommt und er nicht so schnell verdirbt.

KOMBUCHA

Sind Sie ein Fan von Sprudelgetränken und haben bis jetzt zuckrigen Eistee geliebt? Dann lernen Sie nun Kombucha kennen. Vielleicht haben Sie schon Leute getroffen, die verrückt danach sind, und haben zusammen mit anderen die Augen über sie verdreht. Verständlich, es ist schon ein merkwürdiges Zeug. Aber ich werde versuchen, es auch für Sie trinkbar zu machen.

Der Zuckergehalt der meisten hier aufgeführten fermentierten Getränke beträgt etwa ½ TL Zucker pro 100 ml.

Bei Kombucha handelt es sich um einen leicht sprudelnden, fermentierten »Eistee«. Zu seiner Herstellung wird dem Tee ein recht gewöhnungsbedürftig aussehendes Wesen hinzugefügt: der Kombucha- oder Teepilz, von manchen auch liebevoll SCOBY genannt (symbiotic culture of bacteria and yeast – symbiotische Kultur aus Bakterien und Hefe). Dieses quallenartige Ding verwandelt den Tee (indem es Zucker futtert – ja, Zucker!!) in ein »lebendiges« Getränk, das gut für den Darm ist. Ein Sprudelgetränk. Mit einem säuerlichen Geschmack. Oh Mann, ich weiß … Bitte lesen Sie trotzdem weiter.

Kombucha ist randvoll mit Probiotika und super für ein gesundes Verdauungssystem. Falls Sie mehr wissen möchten – auf sarahwilson.com lasse ich mich ausführlich darüber aus. Hier nur so viel: Zahlreiche Studien haben gezeigt, dass dieses Getränk bei der Behandlung von Arthritis, Depressionen, Sodbrennen und Candida helfen kann. Auch zur Entgiftung der Leber trägt es bei, es verbessert die Funktion der Bauchspeicheldrüse und steigert die Energie.

Schneiden Sie den Ingwer + andere Zutaten klein genug, damit sie wieder aus der Flasche kommen.

Bringen Sie ein oder drei Bierflaschen mit Bügelverschluss mit, wenn Sie das nächste Mal in der Bar sind.
Lemon + turmeric tonic
Autumn apple pie.
grounding Crimson tonic
fizzy 'bucha

Muss man Zucker verwenden?
Nein. Ich hatte gelesen, dass Honig bei der Zubereitung von Kombucha nicht funktioniert – laut Theorie sollten die natürlichen antibakteriellen Stoffe im Honig den Kombuchapilz abtöten. Daher war ich unsicher, ob Reissirup anstatt Zucker funktionieren würde. (Reissirup ist ein fermentiertes Produkt, und ich stellte mir vor, dass die verschiedenen Bakterien miteinander kämpfen und sich schließlich gegenseitig wirkungslos machen würden.) Also kontaktierte ich verschiedene Experten und googelte mir die Finger wund – niemand hatte es versucht. Nun, ich tat es. Das Ergebnis? Reissirup produziert einen wunderbaren Kombucha. Man muss ihn nur einen oder zwei Tage länger stehen lassen als seinen zuckrigen Cousin, und ich glaube, das Getränk ist etwas säuerlicher. Was ich mag.

Wo bekommt man diesen Scoby?
Der Kombucha- oder Teepilz oder Scoby stammt von einer Mutterkultur, die bei der Herstellung von Kombucha bestehen bleibt. Wenn also einer Ihrer Freunde schon Kombucha selbst herstellt, wird er Ihnen sicher gern etwas von dem Pilz abgeben. Sonst kann man Scoby übers Internet bestellen, achten Sie aber auf die Qualität.

Auf sarahwilson.com gibt es mehr Infos darüber, wie Sie online einen finden können.

Wie man Kombucha trinkt
Direkt aus dem Kühlschrank. Ein paarmal am Tag etwa 100 ml. Gleich morgens vor dem Frühstück ist eine gute Idee (ich trinke etwas, bevor ich mich morgens zum Sport aufmache, und fühle mich dann voller Energie), genau wie nach dem Abendessen, um der Verdauung einen Schubs zu geben. Ich füge gern noch einen Schuss Soda hinzu, damit mein Drink noch mehr sprudelt.

NATUR-KOMBUCHA

ein lang aussehendes Rezept – nicht abschrecken lassen!

ERGIBT ETWA 850 ML

4 EL Reissirup oder Zucker, falls Sie den vorziehen

2 Bio-Schwarzteebeutel (viele sagen, dass Nicht-Biotee nicht so gut funktioniert)

125 ml Kombucha (von einem früheren Ansatz oder gekauft)

1 Scoby

Ein Glas- oder Keramikgefäß mit großer Öffnung mit heißem Wasser sterilisieren. (Die weite Öffnung ist nötig für reichlich Kontakt mit Sauerstoff.)

In einem Topf Reissirup oder Zucker mit einem Liter Wasser zum Kochen bringen. Vom Herd nehmen, Teebeutel hinzufügen und 15 Minuten ziehen lassen. Teebeutel herausnehmen und die Flüssigkeit in das sterilisierte Gefäß füllen. Bis auf etwa Körpertemperatur abkühlen lassen. Oder auch kälter.

Das Abkühlen ist sehr wichtig. Heißer Tee würde den Scoby abtöten!

Kombucha hinzugießen und dann vorsichtig den Scoby auf die Oberfläche legen (vielleicht sinkt er nach unten, aber das macht auch nichts). Das Gefäß mit einem sauberen Küchentuch oder einem Musselintuch abdecken und sieben bis zehn Tage stehen lassen (bei hohen Temperaturen und/oder wenn Sie Zucker verwendet haben, reicht eine Woche). Die Temperatur sollte etwa 24–30 °C betragen.

Wenn die Temperatur bei Ihnen niedrig ist, stellen Sie das Gefäß auf den Kühlschrank.

Nach den sieben bis zehn Tagen hat sich auf dem Mutterpilz ein kleiner »Baby-Scoby« gebildet. Beide Scobys abschöpfen und in ein Glasgefäß umfüllen. Ein wenig Kombucha-Flüssigkeit daraufgießen, damit der Pilz nicht austrocknet, und den Rest in eine Flasche mit Bügelverschluss oder eine Plastikflasche füllen, dabei etwa 2–3 cm Platz bis zum Rand lassen. Kombucha im Kühlschrank aufbewahren.

Sie können mit einem Scoby einen neuen Kombucha ansetzen und den anderen einer Freundin schenken.

NOCH MEHR SPRUDEL
Machen Sie Ihren Kombucha noch sprudelnder, indem Sie einen Schuss extra Reissirup oder klein geschnittene Früchte hinzufügen und den Deckel fest verschließen. Lassen Sie dann die Flasche zwei bis vier Tage bei Raumtemperatur stehen. Hefe und Bakterien verzehren den Restzucker von der ersten Fermentation und den Extra-Zucker, den Sie hinzugegeben haben. Ohne Sauerstoff (die Flasche ist ja jetzt verschlossen) wird Kohlendioxyd produziert (und gefangen gehalten), das für mehr Sprudel sorgt. (Wenn Sie Kombucha mit Sprudel mögen, können Sie bei der ersten Fermentation Zucker anstatt Reissirup nehmen. Er produziert mehr Sprudel.)

WINTER-CHAI-KOMBUCHA

750 ml Natur-Kombucha (siehe linke Seite)

5 Gewürznelken oder Kardamomkapseln

1 Zimtstange, klein gebrochen

3 cm langes Stück Ingwer- oder Kurkumawurzel, in dünne Stifte geschnitten

1 Sternanis

Alle Zutaten in ein großes Gefäß mit fest schließendem Deckel oder eine Flasche mit Bügelverschluss füllen und drei bis vier Tage bei Raumtemperatur stehen lassen. Sie können die Gewürze danach abseihen, was ich nicht tue, weil ich es mag, wenn der Geschmack mit der Zeit stärker wird.

WAS TUN MIT DER ÜBRIG GEBLIEBENEN INGWER- ODER KURKUMAWURZEL?
Geben Sie sie zu Smoothies hinzu.

FRÜHLINGS-ERDBEER-VANILLE-KOMBUCHA

750 ml Natur-Kombucha (siehe linke Seite)

6–8 Erdbeeren (frisch oder gefroren)

Ein Unwohlsein wegen zu viel Gas im Verdauungsapparat kann nach dem Verzehr von vier bis sechs Erdbeeren nachlassen. Ich bin nicht sicher, was der Grund ist, aber es scheint bei einigen schnelle Abhilfe zu schaffen.

1 Vanilleschote, aufgeschlitzt, oder ¼ TL Vanilleextrakt (oder selbst gemachter, Seite 41)

Oder nehmen Sie zwei übrig gebliebene Vanilleschoten, wenn Sie die Samen für etwas anderes benutzt haben.

Alle Zutaten in ein großes Gefäß mit fest schließendem Deckel oder eine Flasche mit Bügelverschluss füllen und drei bis vier Tage bei Raumtemperatur stehen lassen. Sie können die Erdbeeren und die Vanilleschote nach zwei Tagen abseihen, wenn Sie möchten.

WAS TUN MIT DEN ÜBRIG GEBLIEBENEN FERMENTIERTEN ERDBEEREN?
Essen Sie sie mit Joghurt als Dessert oder zum Frühstück.

HERBST-APFEL-KOMBUCHA

750 ml Natur-Kombucha (siehe linke Seite)

1 Apfel, entkernt und klein geschnitten

½–1 TL Kürbisgewürz-Mischung (Seite 41)

Alle Zutaten in ein großes Gefäß mit fest schließendem Deckel oder eine Flasche mit Bügelverschluss füllen und drei bis vier Tage bei Raumtemperatur stehen lassen. Die Apfelstückchen nach zwei Tagen abseihen oder in dem Kombucha lassen, um den Geschmack mit der Zeit stärker werden zu lassen.

HERBST-KÜRBIS-KOMBUCHA
Anstatt des Apfels 4 EL Kürbispüree (Seite 25) hinzufügen. Geben Sie auch etwas geriebenen Ingwer hinzu.

SOMMER-PFIRSICH-BASILIKUM-COLADA

750 ml Natur-Kombucha (siehe linke Seite)

1 großer reifer Pfirsich, Kern entfernt und klein geschnitten

5 Basilikumblätter

Alle Zutaten in ein großes Gefäß mit fest schließendem Deckel oder eine Flasche mit Bügelverschluss füllen und drei bis vier Tage bei Raumtemperatur stehen lassen. Pfirsich und Basilikum nach zwei Tagen abseihen oder in dem Kombucha lassen, um den Geschmack mit der Zeit stärker werden zu lassen.

Nach der Zubereitung können Sie die Pfirsichstückchen in einem Smoothie oder auf Joghurt als Dessert verwenden.

GETRÄNKE FÜR EINEN GLÜCKLICHEN DARM

Manchen Leuten ist die Zubereitung von Kombucha zu kompliziert und ausgefallen. Für die kommen hier ein paar super einfache probiotische Drinks.

Ein paar Dinge, die man über diese Getränke wissen sollte

* Machen Sie immer gleich zwei Portionen nacheinander; verwenden Sie dazu einfach die übrig gebliebenen Früchte und Wurzeln, fügen noch einen Esslöffel Salz hinzu und lassen das Ganze genauso lange zum Fermentieren stehen.
* Wenn Sie dann zwei Portionen gemacht haben, heben Sie Früchte und Wurzeln auf und essen Sie sie – sie schmecken gut und sind aktiviert!
* Wenn Winter ist oder Sie nicht so viel Salz verwenden möchten, einfach ein oder zwei Esslöffel selbst gemachte Molke (Seite 42) oder etwas Sauerkrautsaft oder etwas übrig gebliebene Flüssigkeit von einem vorher angesetzten fermentierten Getränk hinzufügen und die Salzmenge halbieren.
* Wenn Sie mehr Sprudel haben möchten, füllen Sie Ihren Drink in eine Weinflasche und setzen den Korken auf, oder in eine Plastikflasche, die Sie fest verschließen. Lassen Sie die Flasche dann bei Raumtemperatur stehen, bis sich oben auf der Flüssigkeit Blasen bilden oder die Plastikflasche sich durch den aufgebauten Druck des Kohlendioxyds ausbeult.

ANTI-GRIPPE-DRINK

FÜR EIN GROSSES GEFÄSS

Dieser Drink hilft gegen Erkältungen und ist sehr wirkungsvoll. Ich gurgele am Anfang mit 1–2 EL und schlucke dann ein paarmal am Tag ebenso viel. Die Menge der Zutaten habe ich offen gehalten, das Rezept gibt das ungefähre Verhältnis zueinander an. (PS: Keine Angst, Sie können gar nichts falsch machen.)

ZU GLEICHEN TEILEN, ALLES FRISCH

Knoblauch, geschält

Zwiebel, geschält

Chili (am besten die scharfe Jalapeño)

Ingwer, ungeschält

Kurkuma, ungeschält

Meerrettich, geschält (optional)

UND:

Apfelessig

Alle Zutaten bis auf den Apfelessig im Mixer zerkleinern. Einen Schuss Essig hinzufügen (so viel, dass sich eine gießfähige Konsistenz formt). In ein fest verschließbares Glas oder anderes Gefäß füllen, das groß genug ist, damit noch ein Viertel leer bleiben kann. Etwas mehr Essig in den Mixer gießen und kurz anschalten, um die darin haften gebliebene Mischung zu lösen. In das Gefäß dazugeben, 3 cm sollen bis zum Rand frei bleiben. Fest verschließen und schütteln. Zwei bis drei Wochen bei Zimmertemperatur stehen lassen und täglich schütteln. (Falls sich zu viel Kohlensäure bildet, den Deckel ab und zu kurz öffnen, um ein Explodieren zu verhindern.) In eine Bügelverschlussflasche umfüllen. Hält sich im Kühlschrank mindestens sechs Monate.

UND DIE ÜBRIG GEBLIEBENEN FERMENTIERTEN ZUTATEN?
Geben Sie sie zu einem Eintopf, einer Suppe oder einer Gemüsepfanne, sie verleihen einen leckeren Umami-Geschmack.

GESUNDER ROTE-BETE-TRUNK

ERGIBT ETWA 1 L

100 g grob geraspelte Rote Bete

4 EL Kurkuma, gehackt

1 EL Salz

Alle Zutaten in ein 1-Liter-Gefäß mit Deckel füllen. Mit Wasser aufgießen, bis zum Rand 2 cm frei lassen. Fest verschließen und bei Zimmertemperatur zwei bis sechs Tage fermentieren lassen, dabei ein paarmal am Tag schütteln. Bei niedriger Temperatur dauert die Fermentation länger. Wenn sich Bläschen bilden, eventuell das Glas zwischendurch öffnen, um etwas Kohlensäure entweichen zu lassen, und den Trunk kosten. Abseihen und Rote Bete und Kurkuma mit etwas Flüssigkeit in dem Gefäß lassen, sodass sie gerade davon bedeckt sind. Den Trunk selbst in eine Bügelverschlussflasche umfüllen. Er hält sich im Kühlschrank bis zu einer Woche.

UND DIE ÜBRIG GEBLIEBENEN ROTEN BETEN?
Einfach einer meiner Super Bowls (Seite 86–95) hinzufügen oder als Beilage mit Joghurt mischen und einige Tropfen Apfelessig darübersprenkeln oder gemahlenen Kreuzkümmel daraufstreuen.

UND DIE ÜBRIG GEBLIEBENE KURKUMA?
Pürieren und in einem Glas im Kühlschrank aufbewahren – hält sich dort bis zu zwei Monaten. Anstatt fein gehackter Kurkuma verwenden.

ZITRONEN-KURKUMA-LIMO

ERGIBT ETWA 1 L

50 g Kurkuma- oder Ingwerwurzel, ungeschält und in Scheiben geschnitten

1 Zitrone oder Limette, ungeschält

1 EL Reissirup oder Zucker

1 EL Salz

Alle Zutaten in ein 1-Liter-Gefäß mit Deckel füllen. Mit Wasser aufgießen, bis zum Rand 2 cm frei lassen. Fest verschließen und bei Zimmertemperatur zwei bis sechs Tage fermentieren lassen, dabei ein paarmal am Tag schütteln. Die Fermentationsdauer ist von der Temperatur abhängig. Wenn sich Bläschen bilden, das Glas öffnen, um etwas Kohlensäure entweichen zu lassen, und die Limo kosten. (Ich lasse meine etwas länger fermentieren als die meisten Leute, weil ich einen säuerlichen, weniger süßen Geschmack mag.) Abseihen und in eine Bügelverschlussflasche umfüllen. Hält sich im Kühlschrank bis zu einer Woche.

WAS TUN MIT DER ÜBRIG GEBLIEBENEN ZITRONE ODER LIMETTE?
In einem sauberen Glas bis zu zwei Monaten im Kühlschrank aufbewahren und für Gerichte verwenden, die abgeriebene Schale von Zitrone oder Limette erfordern.

APFEL-BROMBEER-KARDAMOM-SPRUDEL

ERGIBT ETWA 1 L

75 g Apfelscheiben, ungeschält

75 g entsteinte Kirschen oder Brombeeren

1 EL Reissirup oder Zucker

½ TL gemahlener Kardamom

½ TL gemahlener Zimt

Alle Zutaten in ein 1-Liter-Gefäß mit Deckel füllen. Mit Wasser aufgießen, bis zum Rand 2 cm frei lassen. Fest verschließen und bei Zimmertemperatur zwei bis sechs Tage fermentieren lassen, dabei ein paarmal am Tag schütteln. Die Fermentationsdauer ist von der Temperatur abhängig. Je kälter, desto länger. Wenn sich Bläschen bilden, das Glas öffnen, um etwas Kohlensäure entweichen zu lassen, und den Sprudel kosten. Abseihen und in eine Bügelverschlussflasche umfüllen. Hält sich im Kühlschrank bis zu einer Woche.

MANDARIN-THYMIAN-SPRUDEL
Nehmen Sie 150 g klein geschnittene Mandarinen (ohne Kerne, aber mit Schale) und ein paar Zweige Thymian.

EINFACH GEKEIMTE SPROSSEN IM GLAS

ERGIBT 3–4 TASSEN

Mit diesem Rezept wird das Keimen ganz einfach, denn man braucht keine speziellen Keimgeräte.

Die Sache mit den Sprossen

Rohe Bohnen, Körner, Nüsse und Samen enthalten Enzyminhibitoren, die sie so lange am Keimen hindern, bis die Umstände dafür geeignet sind. Diese Antinährstoffe hindern unsere menschlichen Enzyme, sie zu verdauen, und blockieren so unsere Fähigkeit, ihre guten Inhalte aufzunehmen. Außerdem enthalten Bohnen, Körner, Nüsse und Samen Phytinsäure (hauptsächlich in der Kleie), die Käfer davon abhält, sie zu fressen. Diese Säure verbindet sich mit Mineralstoffen, die unser Verdauungssystem dann nicht mehr absorbieren kann.

Aber! Das Einweichen und Keimen deaktiviert diese problematischen Säuren und Enzyminhibitoren, sodass unser Körper nun die guten Inhaltsstoffe aufnehmen kann und seine eigenen nützlichen Enzyme erhalten bleiben und sogar verstärkt werden. Zusätzlich werden dadurch auch noch mehr Vitamine und Mineralien gebildet.

Der Abbau unserer körpereigenen Enzyme führt zum Alterungsprozess, daher kann der Verzehr von Sprossen sogar den Alterungsprozess verlangsamen!

3–5 EL rohe Hülsenfrüchte, Samen und/oder Nüsse Ihrer Wahl

1 Spritzer Apfelessig oder Zitronensaft

Die Hülsenfrüchte, Samen oder Nüsse mit dem Apfelessig oder Zitronensaft in ein großes Glas mit weiter Öffnung füllen und mit Wasser bedecken. Ein durchlässiges Tuch, zum Beispiel aus Musselin oder ein Seihtuch, über die Glasöffnung legen und mit einem Gummiband sichern. Das Keimgut zwölf Stunden oder über Nacht weichen lassen.

Spülen Sie Ihre Sprossen so oft wie möglich, um den Keimprozess zu fördern.

Morgens das Wasser durch das Tuch abgießen. Mit dem Tuch über der Glasöffnung das Keimgut mit frischem Wasser spülen und wieder abseihen, dann das Glas umgekehrt gekippt stehen lassen (nicht in direktem Sonnenlicht!). Ein Abtropfgestell für Geschirr eignet sich perfekt. Am nächsten Tag oder an mehreren Tagen das Spülen und Abseihen wiederholen, bis die Sprossen kleine Schwänzchen haben.

Nach dem letzten Spülgang die Sprossen sehr gut spülen und in einem luftdichten Behälter im Kühlschrank lagern. Sie halten sich so mehrere Tage.

SPROSSEN-MIX

Geben Sie verschiedene Hülsenfrüchte mit der gleichen Keimzeit in ein Glas. Eine gute Mischung sind Linsen, Mungobohnen und Kichererbsen.

NOCH GESÜNDER

Das letzte Abgießen an einer sonnenbeschienenen Stelle vornehmen, damit sich Chlorophyll und Karotinoide besser entwickeln.

SO HÄLT ES LÄNGER

Vor dem letzten Spülen die Samenhüllen entfernen, weil sie Schimmel anziehen. Dafür die Sprossen in eine mit Wasser gefüllte Schüssel geben, dann steigen die Hüllen an die Oberfläche. Hüllen abheben und abseihen. Wenn die Sprossen während der Lagerung im Kühlschrank täglich gespült werden, halten sie bis zu einer Woche.

VERWENDUNG DER SPROSSEN:

1. Salat: darüberstreuen oder untermischen.
2. In einen Smoothie oder einen Shake geben (Mungobohnen-Sprossen eignen sich sehr gut).
3. Vorm Servieren unter ein Pfannengericht ziehen.
4. **Indische Sprossen-Raita** machen: Zwei Handvoll Sprossen mit 200 g vollfettem Bio-Naturjoghurt, einer Handvoll gehackter Minze und 1 TL gemahlenem Kreuzkümmel mischen. Eine Stunde kühl stellen. Fertig.
5. Sprossen, die nicht mehr ganz frisch sind, in den letzten fünf Kochminuten zu Suppen und Eintöpfen geben.

Mungobohnen keimen in 3 Tagen
Kichererbsen keimen in 1 Tag.
Linsen brauchen 1 Tag.
Sonnenblumenkerne – 2 Stunden einweichen, keimen in 2 Tagen.

David, Foodstylist
Mein Transportmittel – fast immer
Rob, Fotograf

GANZ AM ENDE

Die Sachen, die ich woanders nicht unterbringen konnte.

ANHANG I

EINE ORDENTLICHE KLEINE EINKAUFSLISTE

Hier eine Liste der Zutaten, die ich fast immer dahabe, und die Versionen, die ich empfehle.

- ❑ **Apfelessig**
  Biologisch, roh, nicht pasteurisiert mit einer »Mutter« (etwas Wolkiges, das am Boden schwimmt).
- ❑ **Buchweizen**
  Ich kaufe biologischen, nicht geschälten Buchweizen und mache mir selbst aktivierten Buchweizen (Seite 29).
- ❑ **Chiasamen**
  Schwarze oder weiße, nicht genetisch verändert und nachhaltig angebaut.
- ❑ **Currypaste**
  Solche, die erkennbare Zutaten haben und am wenigsten (besser gar keinen) zugesetzten Zucker.
- ❑ **Gelatine**
  Möglichst biologisch von Tieren aus artgerechter Weidehaltung und ohne Fruktose-Glukose-Sirup oder künstliche Farbstoffe.
- ❑ **Gewürze**
  Eine gute Grundausstattung sind Senfsamen, Fenchelsamen, Koriandersamen, Kreuzkümmelsamen, Dillsamen, schwarze Pfefferkörner, gemahlene Kurkuma, Zimtstangen, gemahlene Muskatnuss, Sternanis und gemahlener Piment. Und ich verwende oft diese Gewürzmischungen: Garam Masala, Fünf-Gewürze-Pulver und Ras el-Hanout (Rezept auf Seite 41). Kaufen Sie bei gemahlenen Gewürzen möglichst kleine Mengen (gemahlene Gewürze verlieren schnell an Geschmack und Wirkung), nicht die großen Gläser im Supermarkt (die stehen da wahrscheinlich schon ein Jahr oder länger). Wenn möglich, kaufen Sie Gewürze ganz und mahlen Sie sie mit Mörser und Stößel selbst.
- ❑ **Hülsenfrüchte in der Dose**
  Ich weiche lieber getrocknete selbst ein, aber falls es mal schnell gehen soll, habe ich auch immer ein paar Dosen mit Kichererbsen und Linsen da. Kaufen Sie Bio-Hülsenfrüchte in BPA-freien Dosen, spülen Sie sie gut und lassen Sie sie gut abtropfen. Ich koche Sie immer eine Weile mit (in dem Gericht, dem ich sie zufüge); mehr dazu auf Seite 30.
- ❑ **Joghurt**
  Vollfetter Bio-Naturjoghurt mit lebenden Kulturen (keine Stabilisatoren, kein Inulin).
- ❑ **Kakaopulver**
  Rohes, unverarbeitetes Kakaopulver. Es enthält mehr Antioxidantien und Mineralstoffe und schmeckt intensiver. Aber wenn man nur das verarbeitete Pulver hat, kann man das auch benutzen.
- ❑ **Kapern**
  Am besten in Salzwasser. Die in Essig schmecken … nun ja, eben nach Essig und nicht mehr so intensiv nach Kapern. Sorgen um das Salz? Spülen Sie sie einfach gut. Ich persönlich nutze die Salzigkeit der Kapern zum Würzen des jeweiligen Gerichts und füge kein extra Salz hinzu. Fein gehackt werden die Kapern zu »Kapern-Salz«.
- ❑ **Kimchi**
  Wenn ich es kaufe (oft mache ich es selbst), ist es roh (nicht pasteurisiert) und daher im Kühlregal zu finden. Wenn es im Gang steht (ohne Kühlung), ist es mit Essig oder Konservierungsstoffen haltbar gemacht. Man bekommt Kimchi im Asialaden oder im Internet.
- ❑ **Kokoscreme**
  Biologisch, vollfett, nativ, nachhaltig angebaut und in einer BPA-freien Dose. Und Kokosmilch müssen Sie nicht kaufen – verdünnen Sie die Creme einfach mit Wasser, um »Milch« daraus zu machen.
  Ein kleiner Trick von MeganY. im Büro
- ❑ **Kokosnuss (geraspelt und Chips)**
  Zutatenliste lesen. Kein zugesetzter Zucker, keine Konservierungsstoffe.
- ❑ **Kokosöl**
  Nicht raffiniert, biologisch, kalt gepresst, mit möglichst niedriger CO_2-Bilanz. Ich kaufe Marken in wiederverwertbaren Gläsern.
- ❑ **Kombucha**
  Wenn ich Kombucha kaufe (und mal nicht meinen eigenen mache), nehme ich den mit dem geringsten Zuckergehalt.
  8 g pro 100 ml ist meine Obergrenze
- ❑ **Kurkumapaste**
  Die machen Sie ganz einfach selber (siehe Seite 220) oder versuchen, eine im Glas zu finden. Ich hab sie in einigen Spezialitätenläden gefunden, meist mit Apfelessig konserviert.

❑ **Milchprodukte**
Butter, Milch, Käse und Joghurt immer vollfett kaufen. Fettreduzierte Milchprodukte enthalten oft viel zugesetzten Zucker, um den Geschmacks- und Texturverlust auszugleichen. Der Zuckergehalt sollte 4,7 g pro 100 g nicht übersteigen – dieser ist Laktose, alles darüber ist zugesetzter Zucker.

❑ **Miso**
Fermentiert, nicht getrocknet. Ich verwende in diesem Buch rotes Miso. Wenn Sie weißes haben, verdoppeln Sie die im Rezept angegebene Menge.

❑ **Nussbutter**
Kaufen Sie immer die ohne Zucker und ohne Salz. Noch besser ist es, Ihre eigene aus unbehandelten, ungesalzenen und aktivierten Nüssen zu machen (siehe iquitsugar.com).

❑ **Oliven**
Gute Qualität und in Olivenöl eingelegt, am besten mit Steinen, dann behalten sie ihren Geschmack besser.

❑ **Olivenöl**
Immer Olivenöl mit dem Zusatz extra vergine oder extra nativ kaufen, dann wurde das Öl ohne Verwendung von Chemikalien oder Hitze gepresst. Verwenden Sie Ihr bestes Öl kalt und nicht zum Braten.

❑ **Proteinpulver**
Ich empfehle Proteinpulver aus Molke. Die Molke sollte kalt gepresst sein, die Milch von Kühen aus Weidehaltung stammen und keine Chemie und keine Hormone enthalten. Auch künstliche Geschmacks- oder Konservierungsstoffe, Zucker, Süßstoffe, Füllstoffe und Bindemittel sollten tabu sein. Veganer sollten Proteinpulver auf Erbsenbasis kaufen, das zu 100 Prozent aus natürlichem Erbsenproteinisolat besteht.

❑ **Quinoa**
Weiß, rot, schwarz oder eine Mischung aus allen dreien. Versuchen Sie, nicht genmanipulierte, nachhaltig angebaute Quinoa zu bekommen (siehe Seite 29).

❑ **Reissirup**
Er wird aus fermentiertem braunem Reis hergestellt. Kaufen Sie möglichst solchen, auf dessen Zutatenliste nur brauner Reis und Wasser stehen.

❑ **Salz**
Ich verwende reines Stein- oder Meersalz (in verarbeitetem Tafelsalz fehlen viele der Mineralstoffe, die in Stein- und Meersalz enthalten sind). Himalaya-Steinsalz ist eine gute Wahl (vor allem fürs Fermentieren), da es eine große Palette von 84 Mineralstoffen und Spurenelementen enthält.

❑ **Sauerkraut**
Sehr leicht selbst zu machen. Wenn Sie es kaufen, nehmen Sie das nicht pasteurisierte aus dem Kühlregal (wenn es sich ohne Kühlung im Gang befindet, enthält es wahrscheinlich viel Essig und Zucker – lesen Sie die Zutatenliste). Vielleicht finden Sie auch regional zubereitetes, die Bakterien sind dann meist vorteilhafter für Ihre Gesundheit.

❑ **Sesamöl**
Dunkles (geröstet) oder helles (ungeröstet). Immer kaltgepresstes Bio-Öl kaufen. Das dunkle, geröstete hat einen deutlichen Geschmack und Duft und passt vor allem zu asiatischen Gerichten.

❑ **Stevia**
Dieses Süßungsmittel wird aus den Blättern der Pflanze *Stevia rebaudiana* hergestellt und ist als Granulat oder Pulver oder in flüssiger Form erhältlich. Ich bevorzuge die flüssige Form (2–4 Tropfen entsprechen 1 TL Zucker), weil sie meinem »Zucker-reduzieren-Prinzip« entgegenkommt.

❑ **Tahin**
Aus biologisch angebautem Sesam, geschält oder ungeschält. Ich nehme zum Kochen ungeschälten, aber zum Beträufeln oder Aufstreichen ist der geschälte besser (der Geschmack ist weniger stark).

❑ **Tamari**
Eine fermentierte Version der Sojasauce, aber ohne Weizen. Tamari sollte keinen Zucker enthalten.

❑ **Thunfisch in der Dose**
Viel billiger als frischer Fisch und eher aus Wildfang und mit höherem Gehalt an antientzündlichen Omega-3-Fettsäuren. Immer Fisch aus traditionellem Angelfang vorziehen. Dieser Fang ist sehr viel selektiver als die Standardmethode, bei der jedes Wesen in Reichweite mitgefangen und -getötet wird, und erlaubt eine nachhaltigere Fischfangquote. Fisch in Salzlake oder Quellwasser ist besser, es sei denn, das Öl ist 100 Prozent Olivenöl (das ist es meist nicht).

Der Tipp ist von unserer Ernährungsexpertin Kate!

Getränke in Flaschen
Für ein nachhaltiges Leben vermeide ich den Kauf von Getränken in Flaschen. Die CO_2-Emissionen durch Verpackung und Transport eines Produkts, das nur einmal verwendet wird, führt zu einer negativen Umweltbilanz. Und über Wasser, das in Flaschen verpackt wird, will ich gar nicht erst zu reden anfangen. (Wenn Sie's doch lesen wollen, können Sie das auf sarahwilson.com).

ERSETZEN UND VERBESSERN

Ein paar Tipps, wie Sie Zutaten gegeneinander austauschen und ein Gericht schnell perfekt machen können, um im lecker-einfachen Flow zu bleiben.

ERSETZEN

Immer wenn ich in einem Rezept selbst gemachte Zutaten verwende (Brühe, Frischkäse, Gewürzmischungen, Pesto, Saucen und Dressings), können Sie diese durch gekaufte ersetzen. Aber lesen Sie die Zutatenliste und vermeiden Sie zugesetzten Zucker, ungesundes Öl usw.

BRÜHE

In meinen Rezepten ist immer selbst gemachte Brühe angegeben – sie ist eine Grundzutat meines lecker-einfachen Flows –, aber Sie können auch gekaufte Brühe nehmen. Diese sollte allerdings keinen zugesetzten Zucker, keine schlechten Öle und keine unkenntlichen Zutaten enthalten.

EIER <–> CHIASAMEN

Eine tolle Methode, wenn vegane Freunde zum Essen kommen oder Sie keine Eier mehr haben. Kann fürs Backen eingesetzt werden oder bei Gerichten, in denen ein Ei zum Andicken und Binden verwendet wird (siehe Mehle, unten).

1 Ei = 1 EL Chiasamen + 4 EL Wasser (vermischen und 15 Minuten stehen lassen).

FLEISCHKLÖSSCHEN/WURST <–> HACKFLEISCH

Wenn ein Rezept Hackfleisch enthält, einfach ein paar Fleischklößchen (Seite 146) zerdrücken oder von brauner Wurst die Haut abziehen, in Stücke schneiden und auch zerdrücken, mitkochen und dabei weiter zerkleinern. Wenn Fleischklößchen erforderlich sind, kann man in Stücke geschnittene Wurst nehmen (gute Qualität mit viel Fleisch darin).

FERMENTLAKE <–> APFELESSIG <–> ALTER KOMBUCHA

Austauschbar in Dressings, zum Schmoren, Ablöschen und für Ihr morgendliches Gläschen Verdauungssaft.

GEWÜRZMISCHUNGEN

Kürbisgewürz-Mischung (Seite 41): 1 gehäufter EL <–> 3 TL gemahlener Zimt + 1 TL gemahlene Muskatnuss (oder 2 TL gemahlener Zimt + 1 TL gemahlene Muskatnuss + 1 TL gemahlener Piment)

Ras el-Hanout (Seite 41): Diese nordafrikanische Gewürzmischung variiert von Region zu Region und kann mehr als 30 verschiedene Gewürze enthalten. Auch meine Zusammenstellungen im Buch unterscheiden sich, je nachdem, welche anderen Gewürze zum Gericht gehören. Wenn Sie Ihre eigene Aromabombe zusammenstellen wollen, sind folgende Gewürze eine gute Grundlage: Kreuzkümmel, Kurkuma, Koriandersamen, Paprikapulver und Zimt – alle gemahlen und zu gleichen Teilen enthalten. Im Verhältnis vier zu eins können Sie zum Beispiel noch Kardamom, Piment, Cayennepfeffer oder Muskatnuss hinzufügen.

KÄSE

In meinen Rezepten kommen häufig Hartkäse vor (Parmesan, Cheddar und alter Cheddar). Wenn Sie Probleme mit Kuhmilch haben, vertragen Sie vielleicht Ziegen- oder Schafskäse. Und meinen selbst gemachten Frischkäse (Seite 42) können Sie durch gekauften Bio-Frischkäse ersetzen.

KNOBLAUCH

Ich liebe den »Gut-für-den-Darm-Knoblauch« (Seite 220) = 1 Knoblauchzehe

KOKOSCHIPS/AKTIVIERTER BUCHWEIZEN <–> HAFERFLOCKEN

Mit gerösteten Kokoschips oder aktiviertem Buchweizen (Seite 29) kann man prima Streusel oder Kuchenböden machen, für die normalerweise Haferflocken erforderlich sind.

KRÄUTER

Kräuter mit zarten Blättern können durcheinander ersetzt werden: Petersilie <–> Minze <–> Basilikum <–> Koriander

Ebenso Kräuter mit harten Stielen: Rosmarin <–> Thymian <–> Salbei <–> Oregano

KUCHEN <–> MUFFINS

Alle Kuchenrezepte können auch für Cupcakes oder Muffins verwendet werden und umgekehrt. Die Kuchenversion etwa fünf bis zehn Minuten länger backen (und eher in einer rechteckigen oder Brotbackform als in einer runden Form).

KURKUMA

1 EL fermentierte Kurkumapaste (Seite 220) <-> 1–2 EL geriebene frische Kurkuma <-> 3–5 cm langes Stück frische Kurkuma <-> 1 TL Kurkumapulver

MEHLE

Viele weiße Getreidemehle können beim Backen gegeneinander ausgetauscht werden (Weizen, glutenfreier Weizen, Hafermehl, Dinkel usw.), aber Nussmehle und andere glutenfreie Mehle muss man etwas anpassen, damit sie nicht krümelig werden. Eventuell muss man für die gewünschte Textur ein wenig experimentieren. Folgende Ersatzzutaten für übliches Mehl gelten für 125 g Weizenmehl.

Mandelmehl: 50 g + 1 geschlagenes Ei + 1 EL Pfeilwurzelmehl

Kokosmehl: 40 g + 2 geschlagene Eier + 75 ml Kokosmilch (oder Kokoswasser)

Buchweizenmehl: knappe 120 g (oder 60 g Buchweizenmehl + 45 g Hafermehl oder 75 g braunes Reismehl haben ein ähnlich dichtes Ergebnis, oft etwas dunkler und weniger aufgehend)

MILCH <-> KOKOSMILCH

Wenn in einem Rezept Milch angegeben ist, können Sie wählen zwischen Kuh-, Schafs- oder Ziegenmilch, Nussmilch (auf zugesetzten Zucker achten oder selbst machen) oder Kokosmilch (vollfett, biologisch und kalt gepresst – auf der Zutatenliste sollte nur »Kokosnuss, Wasser« stehen).

ROTES MISO <-> WEISSES MISO

Bei weißem Miso die für rotes Miso angegebene Menge verdoppeln.

SAMEN

Für Salate, Super Bowls (Seite 86–95) und Kuchen, Brot und Muffins verwende ich folgende (alle miteinander austauschbar): Kürbiskerne, Sonnenblumenkerne, Sesamsamen.

SÜSSUNGSMITTEL

Reissirup: Anstatt Zucker oder Honig zu verwenden, etwa im Verhältnis eins zu eins. Manche finden ihn weniger süß als Zucker oder Honig, aber ich bin anderer Meinung und nehme sogar weniger für meine Rezepte als viele andere Leute. Liegt sicher daran, dass meine Geschmacksknospen sich verändert haben!

Stevia: Stevia ist 300-mal süßer als Zucker und hat einen etwas bitteren Nachgeschmack, an den manche sich erst gewöhnen müssen. Steviagranulat ist mit anderen Zutaten gestreckt, damit es eins zu eins wie Zucker verwendet werden kann. Zutatenliste checken, denn manche Hersteller fügen unter anderem Zuckeralkohole, Maltodextrin, Laktose, Zellulosepulver oder Silikondioxid hinzu (unter anderem).

200 g Steviagranulat <-> 1 TL flüssiges Stevia

1 EL Steviagranulat <-> 6–9 Tropfen flüssiges Stevia

1 TL Steviagranulat <-> 2–4 Tropfen flüssiges Stevia

1 TL reines Steviapulver <-> 1¾ TL flüssiges Stevia

VANILLE

1 TL Vanilleextrakt ohne Ende (Seite 41) <-> 1 TL Vanilleextrakt <-> ¼ TL reines Vanillepulver

SCHNELLE LÖSUNGEN

Saucen und Eintöpfe eindicken: Chiasamen oder Pfeilwurzelmehl (Tapioca) hinzufügen, nacheinander immer einen Teelöffel, bis die gewünschte Dicke erreicht ist.

Saucen verdünnen: Einen Würfel gefrorene Brühe (siehe Seite 27) dazugeben. Wenn es ein süßes Rezept oder eins im Thai-Stil ist, einen Würfel gefrorenes Kokoswasser oder gefrorene Kokosmilch nehmen.

Einer Mahlzeit mehr Masse geben: Rote Linsen hinzufügen – sie verleihen Suppen und Aufläufen Cremigkeit und dazu noch Ballaststoffe. Mindestens 15–20 Minuten vorm Servieren in den Topf geben.

Eine Sauce süßer machen: Kürbispüree hinzufügen (Seite 25).

Ein Gericht salziger machen: Eine oder drei Anchovis aus der Büchse dazugeben; Öl oder Lake einer Dose Thunfisch oder eines Glases Oliven; ein paar Kapern (in Salzwasser eingelegt); eine Prise Rotalgenflocken oder einen oder zwei Esslöffel Sauerkrautsaft.

UMGANG MIT ZUCKER UND SICHEREN SÜSSUNGSMITTELN

Für die nächste Dinnerparty, bei der man Sie wegen Ihrer albernen Zuckerdiät LÖCHERT!

F Also Sie essen keinen Zucker mehr; jede Art Zucker?

A Nicht ganz. Ich esse keine Fruktose mehr. Aber die meiste Fruktose verzehren wir durch Haushaltszucker (Saccharose), der zu 50 Prozent aus Fruktose besteht. Und man kann ja nicht vom Saccharose-Molekül nur den Fruktoseanteil weglassen.

F Und warum ist Fruktose so schlimm?

A Nun, Fruktose ist das einzige Lebensmittelmolekül auf dem Planeten, das kein entsprechendes Hormon im Gehirn hat, das uns sagt, wann wir genug davon gegessen haben – wir haben dafür einfach keinen Ausschaltknopf. Das heißt, wir überessen uns daran. Und so können wir einen riesigen Becher Coca-Cola trinken oder eine Familienpackung Süßigkeiten essen und fühlen uns danach trotzdem nicht satt. Schlimmer noch, Studien zeigen, dass Zucker den Appetit anregt und uns dazu bringt, mehr von allem zu essen. Und noch schlimmer, Studien zeigen auch, dass Zucker süchtig macht – stärker als Heroin und Kokain.

Fruktose ist auch das einzige Lebensmittelmolekül, das nicht von unseren Zellen verstoffwechselt wird; stattdessen wird Fruktose in der Leber abgebaut, wo sie in Fett umgewandelt wird – die schlimmste Art, nämlich viszerales Fett, das sich um die lebenswichtigen Organe herum anlagert. Fruktose bildet auch Triglyceride, Harnsäure und freie Radikale.

Das Ergebnis all dessen? Extremer Zuckerverzehr wird inzwischen in Zusammenhang gebracht mit Fettleber, Fettleibigkeit und Diabetes. Und vielen anderen Leiden. (Auf »The Kit« (siehe Seite 11) finden Sie mehr Informationen.)
Aber wie kommt es zu dieser Entwicklung? Dazu, dass wir verrückt nach Fruktose sind, süchtig danach, programmiert, uns daran zu überessen und sie als Fett einzulagern? Nun, vor 10 000 Jahren war Fruktose sehr selten (ein paar Beeren, ab und zu ein Bienenstock), daher war es evolutionär sinnvoll, sie zu verschlingen, wenn man darauf traf – weil sie ja auch eine Quelle sofortiger Energie war! Fruktose war großartig zu Zeiten, in denen man nicht wusste, wann man das nächste Mal etwas zu essen bekommen würde … aber so ist es heute nicht mehr!

F Aber Zucker ist natürlich!

A Klar, aber das sind Arsen und Erdöl auch. Unnatürlich ist, wie viel wir davon verzehren. Noch vor 100 Jahren aßen wir im Durchschnitt weniger als ein Kilogramm pro Jahr; heute sind es 60 Kilogramm zugesetzter Zucker. Eine Katastrophe!

F Wollen Sie etwa sagen, dass wir kein Obst mehr essen sollen?

A Nein. Wenn ich von »zugesetztem Zucker« spreche, gehören dazu keine ganzen Früchte. Fruchtsaft und Trockenfrüchte zählen allerdings als zugesetzter Zucker – ohne die Ballaststoffe und das Wasser bleibt konzentrierter Zucker übrig. Bei meinem 8-Wochen-Programm lassen wir vier Wochen lang jede Art Zucker weg einschließlich Obst, damit unser Körper sich neu einstellen und wir unseren Gaumen »neu trainieren« können. Danach wird Obst wieder eingeführt.

F Wie viel sollte ich essen?

A Ha – interessante Frage! Jahrelang habe ich gesagt, dass sechs bis neun Teelöffel Zucker pro Tag (drei Teelöffel für Kinder) die Menge sind, mit der unser Körper gut klarkommt. Jetzt hat die Weltgesundheitsorganisation WHO zu **genau derselben Menge** geraten. Das schließt auch Fruchtsaft als »zugesetzten Zucker« ein (allerdings wird Trockenobst nicht genannt). Stellen Sie sich das vor!

F **Und wie viel sind sechs Teelöffel genau?**

A Die Weltgesundheitsorganisation hat im März 2015 die Empfehlung veröffentlicht, dass der Zuckerkonsum fünf bis zehn Prozent der gesamten Energieaufnahme betragen sollte (etwa sechs bis neun Teelöffel Zucker pro Tag), besser weniger. Das umfasst den Zucker im Honig, in Sirup und Fruchtsaft, aber nicht den, der in frischem Obst, Gemüse, Milch und Käse natürlich vorhanden ist. Genau das sage ich seit Ewigkeiten! (Bei mir zählt allerdings auch Trockenobst als zugesetzter Zucker.)

F **Oh Gott, esse ich zu viel Zucker?**

A Nun, so können Sie es errechnen:

1. Zuckergehalt pro Portion in der Zutatenliste feststellen (nicht pro 100 g).
2. Die Menge (angegeben in Gramm) durch vier teilen (1 TL ist etwa 4 g Zucker), um die ungefähre Anzahl Teelöffel zu erhalten.
3. Bei Milchprodukten die ersten 4,7 g pro 100 g abziehen (das ist Laktose). Wenn die Portionsgröße also 50 g beträgt, sind davon 2,3 g Laktose.
4. Die Portionsgröße verdoppeln oder verdreifachen, wenn Sie mehr essen, wie ich es tue. Seien Sie realistisch!

F **Und welche Süßungsmittel verwenden Sie?**

A **Stevia:** ein natürliches Süßungsmittel aus den Blättern der Pflanze *Stevia rebaudiana*. Sie ist 300–450-mal süßer als Zucker. Ich verwende es in flüssiger Form (es gibt es auch als Granulat oder Pulver).

Reissirup: ein natürliches Süßungsmittel aus fermentiertem, gekochtem Reis und einer Mischung aus komplexen Kohlenhydraten, Maltose und Glukose. Er belastet die Leber nicht so stark wie reine Glukose, da er relativ langsam freigesetzt wird.

F **Kann ich also von den »sicheren« Süßungsmitteln so viel nehmen, wie ich will?**

A Nein. Um erfolgreich zuckerfrei zu leben, empfehle ich die Reduzierung aller Süßungsmittel. Inzwischen zeigt die Wissenschaft, dass sogar Reissirup, Stevia und künstliche Süßstoffe Blutzuckerspitzen hervorrufen und das Belohnungszentrum in unserem Gehirn durcheinanderbringen können – und damit die Zuckerabhängigkeit weiter befördern.

F **Wie steht's mit künstlichen Süßstoffen?**

A Studien zeigen, dass künstliche Süßstoffe mit einer ganzen Menge Gesundheitskomplikationen im Zusammenhang stehen. Der Körper kann Zuckeralkohole wie Sorbit und Isomalt schlecht verarbeiten. Stattdessen gelangen sie in unsere Blutbahn und füttern Bakterien in unserem Dickdarm. Außerdem zeigen Studien auch Zusammenhänge mit Gewichtszunahme, Diabetes, Krebs und einer ungesunden Darmflora.

F **Und Honig? Der ist aber doch natürlich?**

A Auch Zuckerrohr ist natürlich. Unserem Körper ist es ziemlich egal, woher die Fruktose stammt.

Datteln: 30 % Fruktose (Gesamtzuckergehalt 60 %)

Honig und Reissirup: 40 % Fruktose

Agavensirup: 70–90 % Fruktose

Kokoszucker/-nektar/-sirup: 38–49 % Fruktose

Anmerkung: Ich versuche nach Möglichkeit, mich auf »Goldstandard«-Studien zu beziehen. Doch in der Ernährungswissenschaft sind sie selten »golden«, denn häufig werden sie an Ratten durchgeführt und sind auch weder kontrolliert noch randomisiert.

Hoffentlich machen diese Informationen den nervigen Zweiflern einiges klar!

HÄUFIG GESTELLTE FRAGEN

Kann ich Alkohol trinken, wenn ich keinen Zucker mehr essen will?
Ja, aber …

Wein: Enthält kaum Fruktose. Warum? Die Fruktose in den Trauben fermentiert zu Alkohol, sodass Rotwein kaum Zucker enthält. Er kann sehr wenig Restzucker enthalten – weniger als ein Gramm pro Liter bei trockenen Rotweinen. Weißwein enthält mehr Restzucker und sollte vermieden werden.

Sekt und Champagner: Enthalten eine Menge Restzucker, möglichst vermeiden.

Schnaps: Purer Schnaps wie Gin, Wodka und Whisky enthält wenig oder gar keine Fruktose.

Bier: Enthält keine Fruktose. Der Zucker in Bier ist Maltose, die der Körper gut verstoffwechseln kann.

Dessertwein: Sehr viel Zucker bleibt unfermentiert. Hände weg von dem Zeug.

Kann ich Schokolade essen?
Jein. Es kommt auf die Sorte an.

Selbst gemachte Schokolade: Schokolade aus rohem Kakaopulver, das weniger als 1 % Zucker enthält, und Kokosöl (und vielleicht ein wenig Reissirup) ist fruktosefrei. Toll! Diese Schokolade esse ich.

Gekaufte Schokolade: Die meiste ist mit üblichem Kakaopulver gemacht (die raffinierte Version des Rohkakaos), das weniger als 50 % der ursprünglichen Inhaltsstoffe enthält (die anderen 50 % sind größtenteils Zucker). Sie enthält auch oft schlechte Öle und Zusatzstoffe (suchen Sie nach Schokolade, die Kakaobutter enthält und kein Pflanzenöl). Es gibt aber auch zum Beispiel Schokolade mit 85 % Kakaoanteil. Dann enthält eine 100-g-Tafel insgesamt 15 g oder 3,5 TL Zucker. Und wenn Sie nur ein paar Stücke (zum Beispiel 20 g) essen, entspricht das etwa ¾ TL Zucker – nicht so viel.

Kann ich Obst essen?
Ja, tun Sie das bitte.

Ich zähle ½ Banane und ½ Mango (und andere fruktosereiche, oft tropische Früchte) als 1 Portion.

Früchte können ganz schön viel Zucker enthalten – bis zu 3 TL pro Stück. Ich rate daher, es bei ein bis zwei Portionen am Tag zu belassen und möglichst Früchte mit niedrigem Fruktosegehalt zu wählen, zum Beispiel Kiwi, Blaubeeren, Himbeeren und Honigmelone, dagegen keine Weintrauben (es sei denn, Sie schaffen es, sich mit ein paar Trauben zu begnügen). Bei meinem 8-Wochen-Programm rate ich, in den Wochen zwei bis sechs auch Obst wegzulassen, damit der Körper sich neu einstellen kann und die Geschmacksknospen sich umgewöhnen können.

Sollte ich Kohlenhydrate weglassen, wenn ich aufhöre, Zucker zu essen?
Das würde ich nicht tun – nur eine große Umstellung auf einmal.

Es ist eine große Herausforderung, keinen Zucker mehr zu essen. Sie erfordert viel Aufmerksamkeit und Willenskraft. Wenn Sie erst einmal zuckerfrei essen und Sie es möchten, versuchen Sie etwa vier bis sechs Wochen, Kohlenhydrate zu minimieren. Dann überprüfen Sie, wie es IHREM Körper bekommt. Lassen Sie sich nicht davon lenken, was gerade alle anderen tun. Experimentieren Sie und lernen Sie selbst – das ist die einzige Art, um wirklich zu wissen, ob etwas gut für Sie ist.

Für alle, die auf dieser Seite erwähnt sind: Danke für das Ertragen meiner Reste + meines OBSESSIVEN Triebs, ein Buch zu erstellen, das uns verantwortungsbewusster machen möchte.

DIESE SEITE ist allen gewidmet, die so GROSSZÜGIG ihre Hand gehoben haben, um Teil dieses Projekts zu sein.

DANKE

… an das Team von Goodbye Zucker: meine Küchenmannschaft, Kate Kneipp (@cake_kat), Stephanie Hinton (@highlystef), Renee Lynch (@iloveapplepie) und Megan Yonson (@megandveg); Jo Foster für ihren Zeitplan und ihre heldenhafte Unterstützung; Zoe Eaton (Rouchie), meine Freundin und Geschäftspartnerin.

Let's FLOW!

An die reizende Goodbye-Zucker-Community in der ganzen Welt, die einige Rezepte getestet hat, um sicherzugehen, dass sie auch wirklich gut schmecken: Nicky Burrell (@nickyburell), Lana Jankovic (@lanajankovic), Alexx Stuart (@alexx_stuart), Charlotte Dupont (@aipxwhole30) und Marisa Alvarsson (missmarzipancom).

Leser, die mit meinem 8-Wochen-Programm Zucker Goodbye gesagt haben + gerne helfen wollten. ♡

Ein besonderer Dank an die kleinen Leute, die auch geholfen haben: Mia, Isaac, Sarah, Robbie, Charlotte und Emil.

Eine extra Verbeugung vor meinem Bruder Pete (Emils Dad), der mir sein Kokonda-Rezept überlassen hat, und vor Kate Gibbs, Byron Woolfrey (@trolleyed) und Jordanna Levin (@theinpiredtable).

Danke an Dr. John Richmond Ford, Marine Research Fellow an der University of Melbourne, und Oliver Edwards von GoodfishBadFish für das Checken der Nachhaltigkeit bei den Fisch-Sachen; Feather and Bone Providore (@featherandboneprovidore) für ihren aufmerksamen Rat in Sachen Fleisch; Marieke Rodenstein für ihre sorgfältige Nährstoffkontrolle (Checken des Nährstoffgehalts meiner Mahlzeiten); und Nadia Marshall für ihr Ayurveda-Feedback.

Viele Küsschen für die Shoot Crew: Rob Palmer, David Morgan, Olivia Andrews, Claire Dickson-Smith, Maxwell Adey und Paulie Bedggood. Und für Aaron Teece von Studio Neon, der meine Reste schön zu machen half.

Und schließlich ein großes Dankeschön an das immer loyale und fürsorgliche Team von Pan MacMillan: Ariane Durkin, Charlotte Bachali, Charlotte Ree, Sally Devenish, Emma Rafferty, Megan Ellis, Cate Paterson, Trisha Garner und Miriam Cannell (liebe Mizza, mir gefällt, dass dein Nymphensittich deinen aktivierten Buchweizen gegessen hat und dass du fast alle Rezepte im Buch nachgekocht hast, während du sie editiert hast). Und schließlich danke ich dir, Ingrid Ohlsson, dafür, dass du meine Freundin bist und mich »geholt« hast. Ohne dich hätte ich es nicht machen können. Ganz sicher nicht.

MACMILLAN

RESTEVERWERTUNGS-REGISTER

Mit Resten meine ich nicht nur die Schalen, Strünke, Kerngehäuse, Knochen, Häute und Säfte, die nach dem Kochen übrig sind, sondern auch das Gemüse ganz hinten im Gemüsefach, das Sie gekauft und dann irgendwann vergessen haben – und alle Zutaten, die Sie aufbrauchen müssen, um Abfall zu vermeiden.

REZEPTREGISTER

Abbildungsverweise sind kursiv angegeben und immer nachgestellt

T

U

V

W

Z

SACH-/ZUTATENREGISTER